斎藤一九馬

最後の予想屋 吉冨隆安

予想で年5千万稼ぎ、馬券に4千万つっこむ破天荒人生

ビジネス社

はじめに――一片の謎を秘めた数

知り合いに女性歌人がいる。一九九二年に角川短歌賞の次席に入賞、一九九四年には歌集『種の起源』で現代歌人協会賞を受賞した早川志織さんである。

啓示とは一片の謎を秘めた数　予想屋が白い紙切れを撒く

彼女が初めて足を運んだ大井競馬場で詠んだ歌だ。うまいなあと、いたく気に入った。予想屋が撒《ま》く「白い紙切れ」とは、レースの勝ち馬予想が数字で書かれている予想紙のことだ。予想紙といっても、名刺大に切った粗末なわら半紙である。スタンプで押印された予想の数字を、彼女は「謎を秘めた啓示」と詠んだのである。歌人の感性の瑞々《みずみず》しさに驚くばかりだ。何の変哲もない砂利を翡翠《ひすい》に変えてしまう。

歌中の「謎を秘めた数」を撒く予想屋、それが本書の主人公である。地方競馬最大の競馬場、大井競馬場で一番人気を誇る予想屋「ゲート・イン」の吉冨隆安、その人である。大井競馬の熱心なファンなら「ああ、彼か」とすぐ合点することだろう。それほど大井競馬場ではよく知られた予想屋である。

予想屋の彼と私は四十年近くの付き合いがある。私たちが出会ったころ、彼はもう大井の予想台に立っていた。ということは、吉冨は少なくとも四十年以上、予想屋稼業を続けてきたことになる。これは、長い！　会社勤めの身なら、永年勤続で表彰されるところだろう。

団塊世代の彼はもう六八歳、今では大井競馬場の予想屋のなかでも最古参のひとりとなった。定年はない。リストラとも無縁の職業である。体力と知力の続くかぎり予想台に立ち続けることができる。彼が予想屋という不思議な生業をこれほど長く続けてこられたのは、身も蓋もない言い方をすれば、なによりまず、それで充分に〝食えて〟きたからである。

それも、カツカツの暮らしをしてきたわけではない。それどころか、バブル時代は一日の予想紙の売上げが一〇〇万円を超えることがいく度もあった。最終レースが終わるころには、愛用のハンティングワールドのショルダーバッグは千円札と一〇〇円玉でパンパンに膨れ上がった。ここだけの話としていただきたいが、バブル最盛期の八十年代末の数年は年収がなんと五〇〇〇万円を超えたらしい。

らしいというのは、直接吉冨から聞いたわけではなく、アシスタントの女性からの又聞きだからだ。彼女の重要な仕事のひとつは、レース予想を終えて自宅兼用の事務所に戻った吉冨のショルダーバッグの中身を床にぶちまけ、クチャクチャになった千円札と一〇〇円玉を勘定することだった。

ちなみに、一レースの予想料は一〇〇円（現在は二〇〇円）である。つまり、「謎を秘めた啓示」一回分のお代が一〇〇円ということだ。これは別に公定レートではないし、談合したわけでもないだろうが、全国どこの草競馬場に行ってもこの料金になっている。吉冨の場合は、これ以外に五レースから最終レースまでの全レース予想をプリントしたA四判の予想新聞も売っていて、こちらは一部一〇〇〇円である。けっして安くないこの予想新聞を三〇〇人が買ってくれれば、それだけで三十万円になる。一〇〇円単位（現在は二〇〇円）で買う客も何百人といるし、予想が当たって客がくれるご祝儀も相当の金額になるのである。私も当時、吉冨に弟子入りして予想屋になろうと何度思ったことか。

はしたないのでカネの話はこれくらいにしておこう。吉冨がいかに予想屋としての実力を持ち、確固たる名声を得ていたかを知ってもらえたら、それでいい。

地方競馬や競輪場の予想屋は、いわゆる「予想台」と言われる小屋ともブースともつかない舞台の上で予想を語るところから、「場立ちの予想屋」と呼ばれている。

ハローワークの職業名には載っていないし、まして村上龍のベストセラー『13歳のハローワーク』には載るはずもない場立ちの予想屋。いったいどんな職業なのだろうか？　どんな人間がなるのだろうか？　どうしたらなれるのだろうか？

前もってお断りしておくが、本書はまじめに就活に取り組んでいる学生さんにはお勧めしない。いまや一〇〇〇万人ともいわれる年収二〇〇万円以下の非正規労働者の皆さんの参考にも、たぶん、ならないだろう。

その意味では、大半の人のお手本にならないのが、場立ちの予想屋という職業であり、吉冨隆安という男の生き方である。そもそも吉冨は「資本主義」に懐疑的であり、「利潤」を否定する。かといって共産主義者でもなければ、社会主義者でもない。アナーキストでもない。古代化石のように、頑なな男なのである。イデオロギーを超えたところで直感的に資本の論理を否定している。自分の生きる世界である競馬社会のありように対しても懐疑的である。

競馬というのは「血統」の世界である。なにより血筋が重んじられる。サラブレッドの系譜をさかのぼると、どの馬も三大始祖、ダーレーアラビアン、バイアリーターク、ゴドルフィンアラビアンという三頭の名馬に行きつく。三大始祖が現れたのは一八世紀初頭とされているから、サラブレッドには、ゆうに三〇〇年を超す歴史がある。

三大始祖の系譜からはずれた馬はサラブレッドと認められない。たとえどんなに速く強い馬でも、出走することさえかなわないのである。「血」がすべてなのだ。誰もそのことに抗えない。ところが吉冨は、自分自身、競馬の世界に生きながら、この「血統」に激しく反発する。自分の予想の要素にも血統をまったく取り入れないのである。

「出自」を無視し、「血筋」を否定することは、「ブラッド・スポーツ」と呼ばれるサラブレッド・ビジネスそのものを否定することになる。それがホースマンたちの常識だ。でも吉冨はちがう。そこに、予想屋としての吉冨の独特の立ち位置とそれゆえの強烈な存在感がある。日本でただ一人の、血統を無視するホースマンである。

ある夜、行きつけの酒場で私と飲んでいた吉冨が突然怒り出した。サラブレッドから「血統」をはずせば何の意味もない、キリンやロバが走るのと同じじゃないかと口走った私に対して怒ったのである。

「サラブレッドは死に向かって走り続けるんだ。死ぬまで走り続けるしかないんだよ」

すさまじい剣幕だった。

「何が血統だ。地方の競馬場で走り続ける馬は血統なんて関係ない。だいたい血統論というのは、生まれつき運命が決まっているという単純な運命論だ。たとえば人間に、そんな血筋の定めを認めたら、いったいどうなる？　そんな予め決められた人生に何の意味があるんだ。ヒトラーの優生思想と、どう違うんだ」

私は黙るしかなかった。せっかくの酔いも醒めてしまった。

私の本格的な吉冨ウォッチングがはじまったのはその時からである。この男の正体を突きとめてやろうと思った。「利潤」を否定し、「血統論者」をせせら笑う男の、まさに出自と血統を、そしてその破茶滅茶なメンタリティーの由縁を、探ろうと思ったのである。

以来二十数年、私は暇を見ては大井競馬場に通い、吉冨の予想を買い続け、舞台がはねると一緒に飲んで、吉冨の話す「私の履歴書」に耳を傾けてきた。「舞台がはねる」と書いたのは、吉冨が予想台で喋る口上はまさに舞台演劇そのものだからだ。無声映画の活動弁士も顔負けの語りで観客を魅了する。

吉冨の予想台の前はいつも黒山の人だかりだ。

「諸君、君たちは戦友だ！」

吉冨は、「啓示」を求めて集まってくるギャンブルおやじたちに呼びかける。

「いきなり戦友といわれてもなあ」とおやじたちは一瞬ひるむ。顔を見合わせて苦笑いするしかないのだが、いつの間にか吉冨の名調子に引きずり込まれていく。

「俺たちは、大井競馬場という戦場で一緒に戦う仲間じゃないか！」

見事な話術である。

話術といっても、心にもない口先のレトリックではない。彼は心底、そう思っているのだ。大井競馬場は戦場なのである。カリフォルニア州のサンタアニタ競馬場と提携するお洒落なナイター競馬場となった今でも、それは変わらない。

「オレたちは、戦友なんだ！」

予想台の床をドンと踏みしめ、こう叫んだとき、われわれはすっかり吉冨劇場に嵌《は》まっている。その咆哮は風に乗り、馬の耳にも届いて鼓舞するのかもしれない。

ゲートが開いて、馬たちが一斉に飛び出す――。


獲物追うからだのひかり土を浴びてゴールラインへ君よ飛び込め

冒頭の歌人、早川志織さんのラガーマンへの応援歌だが、私にはサラブレッドへの鎮魂の歌に聞こえる。

ゴール近く、前の馬に追いつき追い越そうと最後の脚を繰り出す後ろの馬たち。その人馬一体がナイターの明かりにくっきり浮かび上がる。汗が光の玉となってきらめきほとばしり、全身に砂を浴びながらゴールへなだれ込む。馬たちはそのゴールラインが「死」という「終着への起点」であることを知らない。

ゴールした瞬間、馬の目には、なんとも形容しがたい静かな虚無の光がある――。

馬は死に向かって走る。ならば、人間はどうなのか。

作家の寺山修司は「競馬が人生の比喩なのではない。人生が競馬の比喩なんだ」と言った。

吉富が私に語り始めた破天荒な生き方はたしかにその言葉を裏付けていた。競馬の比喩としての人生を、本気で生きた男の半生を、これから話したいと思う。

目次――最後の予想屋 吉冨隆安

4

ゲートイン

確固たる軸馬が決まる
「実走着差」理論
吉冨隆安

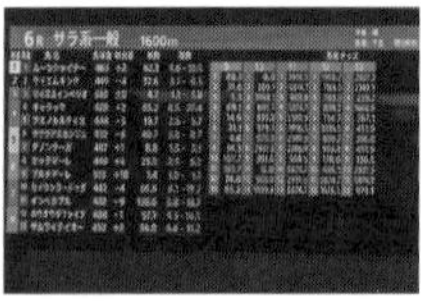

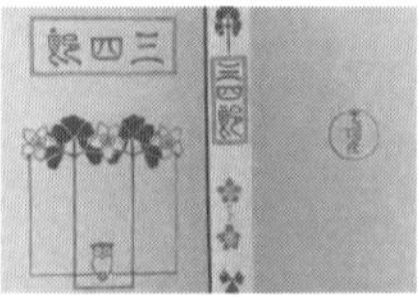

序章　危険な情熱に憑かれたソクラテス

「資本主義は間違っている！」

競馬はただ見るだけでも面白い。馬券を買えば、もっと面白い。馬券が当たろうものなら、ますます面白い。

「医者と弁護士を友人にもてば人生は安泰だ」といわれる。私はかねがね、これに「予想屋」を加えたいと思っていた。そうすれば、人生は安泰どころか、鉄板になる。ますます愉しく豊かなものになる。しかし、医者と弁護士はその気になって探せばどこにでもいるが、予想屋を見つけ出すのはそうたやすいことではない。

たまたま私は四十年前、天の配剤により吉冨隆安という競馬の予想屋に出会った。小躍りする思いであった。なにせ、「予想の神様」だというのだから。

あれから四十年、私の人生は鉄板になったか。鼻歌交じりの老境に入れそうなのか。

残念ながら、そうはなっていない。それどころか、いまだ綱渡りの人生で、身過ぎ世過ぎに日々心身を擦り減らしている。

それはもちろん、馬券が当たらないせいだ。

そればかりではないが、それがいちばん大きい。

この先に待ち受けているのは、薄氷を踏む思いの老後であることは間違いない。最近巷で流行る「下流老人」という言葉、なんという残酷な響きだろうと思う。

俺はちがう、俺は「花柳《かりゅう》老人」だ、と洒脱を装っても、鼻の先であしらわれるだけ。不安は、いよいよ募《つの》る。

持つべき友人は、やはり、医者と弁護士だけにとどめるべきだったのか。

いいや、そうじゃない。

そうじゃない証に、もう少し、危険な情熱に憑《つ》かれたソクラテス、吉富隆安の口上に耳を傾けてみようではないか。


ソクラテス吉富は「資本主義は間違っている!」と言う。その論理はこうだ。

「利潤を追求することは、善なのか。たとえば僕は、モノを売ることにどうしてもなじめない。原価一〇〇円のものを一五〇円で売ることを許す神と、一一〇円でないと許さないという神がいるのか。そういうことが僕にはわからない」

粗利=利幅は、誰がその基準を決めているのか。市場が決めると言うなら、その市場は公平に運営されているというのか。そんなことは、ないだろう。

「利潤を追求することを突き詰めればけっして善ではないじゃないかと思えてくる。絶対の善なら、くれてやればいい」

　う～ん、なんかラジカルだ。

「絶対の善なら、くれてやればいい」。これは、どういうことだ？　論理が飛躍しすぎて凡人の私には理解不能。要するに「資本主義＝利潤の追求」を胡散《うさん》臭い理屈だと見ているのだろう。資本主義なんてインチキだと言っている。

　予想を聞きに集まってくる客を前に、こんなことを平気で言う吉冨なのである。常連は慣れているが、初めて来た客は目を白黒させている。なかには、拍手する人もいるが。

　なお、「危険な情熱に憑かれたソクラテス」という言葉を使ったのは哲学者の梅原猛である。梅原は自著『隠された十字架　法隆寺論』の中でこう言っている。

「哲学の仕事は徹底的な常識否定の仕事から始まる。それは多くの人々がそれに依拠している常識を否定して、人々を懐疑の中につき落とし、そこから新たに根源的な思惟をはじめさせようとする仕事である。この仕事は本来危険な仕事である。

　この危険な情熱に憑かれたソクラテスは、そのためにアテナイの常識人の怒りを買い、ついにその命を落とした」

吉冨もまた、まことに危険な「常識の否定者」なのである。

死と賭け

さらにソクラテス吉冨は言う。「死と賭けを、おろそかにするな」と。そのエッセンスはこうだ。

「生きること自体が命懸けの戦いなんだ。今の日本人に徹底的に欠けているのはその認識だ。簡単なことだよ。自己責任ということだ」

自己責任。

あまり好きな言葉ではない。権力者が弱者を突き放すときの常套句《じょうとうく》だからだ。だが、吉冨の口から出るとちがった光彩を帯びてくる。

「生きているということは、必ずやってくる死を自分ひとりで引き受けないといけないということだ。自己責任の最たるものが、死なんだ。次が、賭けだ。この二つしかない。この二つをおろそかにしている人とは付き合いたくない」

GIレースだからとはしゃぎ、何の戦略もなく、やみくもに馬券を買うのは愚かなことだと吉冨は言う。「それで、競馬に負けて悲しいなんてほざかないでほしい。賭けをおろそかにするとはそういうことだ」――耳が痛い読者も多いのではないか。

死と賭けを、おろそかにしてはいけない。

ほぼ同義のことを言った賭けの達人がいる。作家の色川武大（阿佐田哲也）だ。

「大きくいえば歴史というものが常に破壊の相を色濃く帯びているように、個人の成り立ちの上でも破壊の要素をゆるがせにしては正しく自分を認識したことにはならない」

これも、なかなか難解な宣託である。

ただ、なんとなく、吉冨の言う「死と賭け」の意味が、色川の言う「破壊の要素」と重なるような気がするのである。

色川が亡くなったとき、残っていた全財産が三十万円くらいだったと漫画家の黒鉄ヒロシが明かしている。あのベストセラー作家「阿佐田哲也」が、だ。これこそ彼が、賭けをおろそかにしないで生きたことの証ではないか。

色川は「人生は、八勝七敗がいい」とも言っている。勝ちすぎても、負けすぎてもよろしくない。色川の場合、勝ち越したその一勝が、残った三十万円だったのだろう。あっぱれ！と思わないわけにはいかない。

私は幸運にも、学生時代、色川武大で知られる前の阿佐田哲也に会ったことがある。週刊大衆の人気連載で、阿佐田や小島武夫（日本プロ麻雀連盟初代会長）といった名うての麻雀打ちが「見番」として登場し、「誌上名人戦」の講評をするという企画があった。私は後ろから牌譜を記録するアルバイトだった。

場所はたしか、紀尾井町の割烹旅館・福田屋だったと記憶している。そのとき間近に見た阿佐田の特異な風貌は今でも目に焼き付いている。短軀《たんく》の上にのった四角な顔。一見柔和で、その実、鋭い目つき。そのわりに、その目はどこか遠くを見るような深い光を湛え、いくぶん哀しげに見えた。私は、これが博奕打ちの目なのかとひどく感じ入ったのである。

吉冨を見ていて、往時の阿佐田の目つきを思い出すことがある。まさにギャンブラーの目なのである。「死と賭け」をおろそかにしない男の目だ。

以上、二つのテーゼ、ひとつは「資本主義は間違っている」という認識、もうひとつは「死と賭け」の認識、これが吉冨の競馬哲学となって、他人が容易に近づけない壁になっている。競馬に深入りすると、負け続けると、誰しも哲学的になる。

逃げる馬の姿は美しい

次に吉冨の競馬観を聞こう。少し長くなるが、付き合ってほしい。

吉冨の競馬観の根底に流れるのも、やはり「死」なのである。

私が「馬の走る姿は美しい。それだけで文化だ」と言ったら、吉冨は間髪をいれずに「浅はかなことを。馬は苦しいだけさ」ときっぱり否定した。

「自然界では、生来、力の弱い馬は五分に闘えない。他の動物におそわれないためには誰よりも早く逃げるしかない。それが馬の本能なんだ。馬は死から逃げながら、同時に死に向かっている。競馬に美しさがあるとしたらその一点だ」

「競走馬は、ゴールがセーフティエリアだと思っている。だから誰よりも早くゴールに到達しようと懸命に走る。本能だ。ゴールの先に死があるのは人間も同じじゃないか。死だけが安全地帯なんだ」

吉冨は若いころフロイトを読み漁った。〈なんのために生まれて　なにをして生きるのか〉（「アンパンマンのマーチ」）。人間とは何かを知りたかった。

「人間を動かすものは三つある。『死への恐怖』『性衝動』そして『経済活動』だ。馬も同じだ。違うのは人間は欲で目が曇るが、馬は純だ。エサにありつけるだけでいい。美しいじゃないか。人間の営みを五倍速の速さで見せる、それが競馬だ」

五倍速の速さで人生を映し出して見せる！　馬の一年は人間の五年に相当する。

「どんな馬にも死の刻印が打たれていて、だからこそ馬が逃げる姿は美しい」

走る馬が美しいことは否定しない。どうやら「文化」と言った私の言葉が癇《かん》に障ったらしい。

「文化と言ったのが、気に入らない？」

「たとえば、俺は馬の名前にはまったく興味がない。一頭の馬に過剰に思い入れたこともない。この馬の父はどうのこうのと能書きを言う血統論者がいるが、俺はそんなもの糞くらえと思っている。

今日負ければ、明日は近くの芝浦屠場に送られるかもしれない。死の予兆だ。その怯えが馬を走らせているんだ。それが、文化かい？」

私は、言葉に詰まった。

馬はなぜ走るのか。走るのが楽しいのか、それとも否か。

中央競馬会所属の名伯楽、藤沢和雄調教師は競走馬の走りについて次のように話している。

「馬はもともと野生だったのだから、勝手気ままに走るのは好きである。逆に、人間の指示に従って走ったり、苦しくなるまで走るのは嫌いである。つまり人間による調教は、本質的に好きではない」（『競走馬私論』クレスト新社）

藤沢調教師によれば、人間の指示に従順に走る馬より、なかなか言うとおりに走らない馬のほうが圧倒的に多いらしい。

「毎日きついトレーニングを課していると、彼らは調教というものを、あたかも奴隷作業のように感じて、決定的に嫌いになってしまう」（同）

なるほど、どうやら馬は好きでレースを走っているのではないようだ。となると、「馬は死から逃げながら、同時に死に向かっている。競馬に美しさがあるとしたらその一点だ」という吉冨の競馬観は、まさに正鵠《せいこく》を射ているということになりそうだ。

藤沢師はこうも言う。

「人間でも、精神的に仕事が嫌になって逃げだす人がいる。（中略）『妻や子どもがいるから頑張ろう』とか『これを片付ければしばらく休める』などと考えられる人間でさえ、精神的な限界を超えると逃げ出したくなる。まして、社会的な義務だとか責任とかを考えない馬が精神的に消耗してしまうのは当然かもしれない。

しかし一方で、馬という動物には、スピード感覚がないのではないか、と私は思っている。自分が今、どれくらいの速さで走っているか、馬たちはわかっていない。わかっているのは、苦しいか、苦しくないか、それだけではないかと思う」（同）

―なるほど。

「逃げる馬の姿は美しい」と言うより、「逃げる馬の姿はひたすら哀しい。その哀しさこそが美しい」と言い換えるべきか。

ちなみに、日本で一年間に生まれるサラブレッドの数はおよそ七〇〇〇頭である。そのうち晴れのダービーに出走できる牡馬はたったの十八頭。牝馬の女王を決めるオークスに出走できるのも同じく十八頭だけである。門はとてつもなく狭い。

さらに言えば、無事に競走生活を終えて悠々自適の種馬生活や繁殖牝馬になれる馬の数はごくごく限られている。競走馬として生まれた仔馬が天寿を全うする確率は一パーセントに満たないという。大多数の馬が皮革や馬肉あるいは肥料となる運命だ。残念ながら、それが競走馬の残酷な真実なのである。ほとんどの馬にとって、競走生活の終わりは死を意味する。

だからこそ、馬は運命に抗うようにひたすら走り続ける。死の予兆に脅えながらひたすら逃げるのである。

ならば、人間にも問うてみたい。

あなたは、あなたの人生を、いまどんなスピードで走っているか、おわかりだろうか……。

人生は競馬の比喩なのである。

馬券の真実

競馬のもう一つの真実は「馬券」である。予想屋吉冨は「馬券」についてはどう考えているのだろうか。われわれが聞きたいのは小難しい競馬哲学より、実は的中馬券、すなわち、馬券の真実のほうだ。

ここから読者の皆さんには、吉冨の台の前に立ったつもりで聞いていただければと思う。ナイターの照明もあまり届かない、薄暗い大井競馬場の一角に、あなたはいる。残り少なくなった薄い財布をポケットに。

「諸君！　現実の世の中はどうだ。虚栄虚飾に満ち満ちて、人間の持っている『善』の絶対量に、必ずしも幸せは比例しない。いや、むしろ、人を傷つけられない優しい人ほど、強者に蹂躙されてしまう。なんと、むごい世の中であろうか。

人は誰でも、真実が欲しい。真実こそが、人生の糧である。この真実への希求――これが競馬の存在理由だ。人はなぜ競馬をするのか？　という問いへの答えだ。

予想屋の戯言《ざれごと》と聞き流してくれてもいい。だが、競馬をやる誰もが真実を求めていることは、確かだろう。その真実の中でもっとも重要なのが馬券であることは言うまでもない」

そうだ、馬券こそ、人生の真実なのだ。

「競馬には必ず、的中馬券がある。もちろん、その馬券は未成年者でないかぎり、誰でも自由に買うことができる。お金持ちだろうが、貧乏人だろうが、社長だろうが、平社員だろうが、フリーターだろうが、専業主婦だろうが、そんなことは的中馬券を手にできることと、まったく関係ない。要は、どうしたら的中馬券を手にできるかということだけだ」

そうだ！　なんだかんだ言っても、要は的中馬券だ。どうしたらそれが手に入るのか。ここから吉冨は、危険なソクラテスから道化のチャップリンへと変身する。

「僕は、競馬を投資として捉えている。諸君は『投資』と聞いて、何を思い浮かべるだろうか。誰でもやっているのは『預金』である。これは『銀行券』とも言う。いわゆるお金のことだ。だがマイナス金利の今の世の中、銀行にお金を預けても、元金が倍になるのに三万六千年もかかる！

　こう言うと、必ず『それでも銀行に預金しておけば、元金はなくならない』とおっしゃる御《ご》仁《じん》がいる。本当にそうだろうか。五年先、十年先はどうなるか、誰にもわからない。この『銀行券』のコンサルタントである銀行員は、金利で食べている。一般的には社会的な評価も高く、高給取りだと言われている」

　反社会勢力が後ろにいる地上げ屋とわかっていながら、巨額の金を貸し込んだバブル期のメガバンクを皮肉っている。資本主義はどこまでも迷走する。吉冨の指摘はそこそこ正しい。

ちなみに、ドイツの劇作家、『三文オペラ』で有名なベルトルト・ブレヒトは、「銀行強盗と銀行設立とはどこが違うのか」と言っている。

「次に『株券』がある。高額な資金が必要な投資だが、元金を一・五倍にするのは至難の業だ。この『株券』のコンサルタントは証券マンという。昔は『株屋』と言われていた。嘘つきの代名詞みたいなものだった。今やそれが『証券マン』だ。彼らは手数料で食べている。株取引が多ければ、株が上がろうと下がろうと、利益を上げられる仕組みになっている。

三番目の投資対象として、諸君も買っている『馬券』がある。これは『バケン』ではなく、『ウマケン』と呼んでいただきたい。『バケン』と言うと、音声的に『バセイ』『バトウ』『バスエ』『バカ』につながり、イメージがよくない。今後、必ず『ウマケン』と呼んでほしい。

それはともかく、この『馬券』のすばらしいところは、少額の投資で数百倍になる、その可能性があるということだ。しかも時間にして、ほんの数分しか要しない。もちろん、投資金がなくなる可能性もある。それも、一瞬の間に、は同じだ。

競馬嫌いの人は、その一瞬にして持ち金がなくなる危険性ばかり、声高に叫びたがる。これは否定できないことだから仕方がないが、ちょっとだけ発想を変えてみればいい。たとえば、三〇〇円以上の配当を三回に一回、的中できる技があれば、競馬は立派な投資になる。投資として問われることになるのは、その技だけなのである」

馬券は立派な投資である――吉冨の揺るぎない信念だ。

続きを聞こう。ここからは愚痴も混じってくる。なおさら、面白い。

「この『馬券』のコンサルタントこそ、僕の仕事である。投資として考えるなら、何も予想屋などと言わずに、この『屋』を『士』や『師』とまではいかなくても、『家』にしてもらってもバチは当たらないだろう。馬券が当たるのだから。

われわれ予想屋は日夜、競馬の研究をしている。起きている時間の大半は、この研究に時間を費やしている、と言ってもけっして過言ではない。そうでなくては、大井競馬場の公認予想として場立ちに立つことなどできるものではないのだ。

対面予想を生業にしている人間にしたら、競馬専門紙・スポーツ紙の評論家や競馬記者とわれわれは、同じようでいて、まったく違うと思っている。

評論家や競馬記者はたとえ予想が外れても、罵倒されることはない。よほどのことがないかぎり、職を失うこともないだろう。ところが、場立ちの予想屋はどうだ。一レース二〇〇円とはいえ、お金をもらっている。その責任の重さを考えれば、彼我には雲泥の差がある、と断言してもいいだろう。

われわれの予想は、評論家や記者のようなただの『判断』ではなく、馬券を買うための『決断』を提供している。予想を売るこちらも真剣なら、予想を買うほうはもっと切実だ。予想が外れれば恨まれ、当たってもほとんど感謝されない。目の前でたちどころに結果が出るから、言い訳のしようもない。場立ちを引退しようと考えたことも、一度や二度ではない。まさに『ないない』づくしである。

馬券を買う人は当たれば己の手柄で、外れたときだけ予想屋のせいにするものだ。それ故に、予想屋は因果な商売である。そして、だからこそ、卓抜した予想技術を身につけるため、七転八倒しながら試行錯誤を繰り返しているのだ」

「畳一枚ほどのしがない舞台だが、われわれは、どんな一流芸能人や花形のスポーツ選手でも売れない〝勝利〟を売っている。実利のある〝勝利〟を売っているんだ」


馬券の真実と予想屋の真実が入れ替わり立ち代わり現われ、場立ち予想という仕事への矜持と悲鳴がほとばしる。

つくづく凄いと思う。こんな語り部が大井競馬場の一角にいるということが。そして、競馬場って、やっぱり修羅場なんだなぁという気になってくるのだ。実際、長いこと競馬をやっていると、あまりにも当たらない惨めさに〝これが、苦界なのか〟と悲壮になる一時期があるものだ。

作家の浅田次郎が「馬券の真実」についてこう語っている。

「われながらあきれるのだが、馬券を買い始めてかれこれ四十年近く、微に入り細を穿った帳簿を付け続けている。

さほどセコい性格だとは思わない。これほど面白い競馬を一生続けたい一念から、収支を正確に把握しているだけである。

結果的にはむろん、『収支計算』ではない。『支出計算』となる。毎週うまずたゆまず馬券を買い続けて『収支』などと言える人物ならば、はなから競馬などやらずに世事を鼻でせせら笑う大人物となっているだろう。

要するに負けるのである。マイナスばかりが累積してゆく一年の計算表など、こまめに付ける人間の気が知れまい。では、なにゆえこんな作業を四十年も続けているのかといえば、ただひたすら馬券を買い続けたいからである」

かつて私も、競馬場に毎週末通い続けた一時期があった。たまたま知人に馬主がいて、いつも馬主席で観ていたのだが、そこに必ず浅田氏の姿が見られたものだ。私は氏のことをひそかに「わが戦友」とみなしてニンマリし、自分の行いを正当化していた。むろん、畏《おそ》れ多くて声など掛けられない。

「早い話が、いくら負けているかを正しく知っていれば、人生を踏みあやまるほど負けずにすむ。損失を補うためにさらなる過ちを冒すのではなく、その分働いて稼ごうとする。一生続けたいのならば、これは不可欠の作業であると私は思うのだが、どうであろうか」と浅田氏は結んだ。

恥ずかしながら、私はこれまで、いったい、いくら負けたのか、自分でも見当がつかない。浅田氏のように帳簿など付けたことがないからだ。

そんなことをすれば、圧倒的な「馬券の真実」の前に、私は卒倒してしまうだろう。負け続ける競馬場は「苦界」かもしれない。しかし、そればかりではない。

競馬場では、良きにつけ悪しきにつけ人間の素が剝き出しになる。裸になった人間は優しい。すぐ友達になれる。缶コーヒーの宣伝ではないが、競馬場に行くと「ホッとする」のはそのためである。

吉富はこの夜の口上をこう締めくくった。

「まあ、それでも『予想屋』ならまだいい。『ヨソウ』を下から読んで『ウソヨ』などと言われると、本当に立つ瀬がない。どんな言われ方をされてもいいが、ただ『大井のウソツキおじさん』とだけは呼ばれたくないと、心底思っている。そのために研究に研究を重ねる日々を送っているのだから」

浅田氏はあれほど深く競馬に傾倒しながら、馬券にのめり込みながら、人生を踏みあやまるどころか、作家として大成した。出す本、出す本がベストセラー、今や日本ペンクラブ会長の要職にある。しからば吉冨はどうか。東京の片隅も片隅、大井競馬場に流れ着いてしまったのは、それこそ人生を踏み外しすぎてしまったせいなのか――。

あるときは危険な情熱に憑かれたソクラテス、あるときは馬券の真実に迫る喜劇王チャップリン。千変万化の公認予想屋、吉冨隆安。いったい、どんな生い立ちと素顔を持っているのだろう。

南関東競馬公認予想士「ゲート・イン」主宰 吉冨隆安（2016年12月28日撮影）

第1章　涙橋の先へ（大井競馬場）

涙橋の由来

都心と三浦半島を結んで走る京浜急行線は、真っ赤な車体と腰のあたりに這わせた白い帯の組み合わせが鮮やかで、昔から夏の行楽電車として人気があった。

が、移ろう季節に関係なく、見るからに行楽とは無縁の、何かに憑かれたような顔つきでこの赤い電車に乗り込む大人たちがいて、彼らはみな申し合わせたように、品川から五つ目の立会川という小さな駅で下車するのだった。

駅前には、下町というよりは裏町といったほうが似あう商店街がひっそり佇んでいる。改札口を出て左へ、狭い路地を五十メートルほど歩き、最初の角を右に曲がればすぐ、駅名の由来である立会川が流れていて、一本の小さな橋が架かっている。

橋の名前は濱川橋、別名「涙橋」ともいった。

幅六メートル弱、全長は十メートルにも満たない。コンクリート桁の現在の橋が架けられたのは戦前の昭和九年というから、橋の造りというのはずいぶんと頑丈にできている。

二〇〇三年（平成十五）の二月、その立会川にボラの大群が発生して付近の住民たちを驚かせた。なぜ突然に、しかも川面を埋め尽くすほどにボラが孵《かえ》ったのか。その理由の詮索も含めて、マスコミが連日この椿事を取り上げたせいで立会川の名は日本中に知れ渡ることになった。「上流の神田川が高田馬場辺りで綺麗に澄んできたからではないでしょうか」などと、識者がテレビで解説していたが、真相は不明のままだった。

ボラ騒ぎも一段落したある日、吉冨と私は涙橋の袂《たもと》にいた。


「これが涙橋か。これまでも何度も通っているのに気付かなかった。それにしても、もの哀しい名前だな」

「この先に、江戸時代の処刑場として有名な鈴が森刑場跡があるんだ。由来はそれさ」と関西なまりがかすかに残る吉冨が言った。

「よく知ってるな」と、私は感心する。

「江戸時代、鈴が森へ護送される罪人は、裸馬や駕籠に乗せられて必ずこの橋を渡ったんだ。第八代将軍徳川吉宗のご落胤・天一坊や振り袖火事の八百屋お七もここで処刑された」

「へえ〜」

「罪人にも親はいるし、なかには女房子どものあるやつだっている」

「見送りにくるわけだな」

「そう。ただ見送れるのは、この橋の手前までだ。その先へは、けっして通してもらえなかった」

「ふ～ん。ということは、見送りにきた身内にとっては、今生の別れの場が、この涙橋だったというわけか」

「そう。まあ涙橋は、江戸社会のはぐれ者が渡る人生最後の橋だったのさ」

涙橋の名は、罪人の身内が流した涙に由来するという。

今ではどうということのない小さな涙橋を渡るとすぐ、車の往来が激しい大きな道に出る。左に折れ、焼鳥屋や昭和風のスナックが数軒点在するだけの殺風景な中を、さらに一〇〇メートルほど歩くと、湾岸通りと交わる大きな交差点に出る。右に渡れば、通りの向こうに鉄柵の塀と槐《えんじゅ》の木に囲まれた広大な区画が見える。

南関東競馬の大井競馬場である。

昭和四十年代、立会川駅で赤い電車からぞろぞろ降りてくる男たちはみな、大井競馬場という公設の鉄火場をめざして急いでいたのだった。

大井競馬場

公営競馬の大井競馬場が、鈴が森刑場跡と目と鼻の先、品川区勝島二丁目に建設されたのは、第二次大戦の敗戦の年から数えて五年目の一九五〇年（昭和二五）のことだ。日本はまだ戦後の混乱期にあったとはいえ、ようやく人心に落ち着きが出てきたころである。

勝島は埋立て地である。埋立てが終わったのはその七年前の一九四三年（昭和十八）のことで、戦争の只中である。「勝島」は、第二次大戦の戦勝を祈願した命名だったという。

大井競馬場にはその母体ともいえる二つの競馬場の前史がある。一九二七年（昭和二）に蒲田区羽田町に建設された羽田競馬場と、その翌年南多摩郡小宮村に建てられた八王子競馬場である。

羽田競馬場は、日中戦争が始まって二年目の一九三九年（昭和十四）三月に、「軍馬資源保護法」が公布されて競馬どころではなくなったため、廃場となった。軍馬資源保護法とは、民間の馬をいつでも軍馬として徴用できるようにした法律であり、国家総動員法の成立と同時に公布されている。競走馬も戦場に送り出されることになったのである。

八王子競馬場は、一九四六年（昭和二一）に戦後最初の再開競馬場となったが、四年後に大井競馬場に統合されるかたちで姿を消している。

大正後期から昭和初期の好景気を背景に登場した地方競馬は、第二次大戦で中断され、戦後まもなく朝鮮戦争特需期に再開された。前史も含めた大井競馬場の盛衰の歴史は昭和の激動の歴史とぴったり平仄《ひょうそく》が合う。

戦時中、競馬は軍部によって禁止され、日本中の馬が、農村や競馬場から戦場へ駆り出されていった。その数は約一〇〇万頭といわれる。馬にしても、戦場より競馬場で走っていたほうがまだよかっただろう。田んぼで鋤を曳いていたほうが幸せだったにちがいない。中国戦線や南方戦線から帰還できた馬は一頭もいない。腹を空かした兵隊たちに食べられたり戦死（餓死）した馬を前にして、馬を預かる兵隊たちはどんな思いだっただろう。せめてもの供養に、野の花ぐらいは手向けたのではないだろうか。想像するだに哀しい光景である。

それが、またお上公認で堂々と競馬をやれる時代がめぐってきた。一九五〇年（昭和二五）の五月、第一回の大井競馬開催に駆けつけた男たちは、なんと平和はありがたいものよと、しみじみ感じたに違いない。

作家の山口瞳は名著『草競馬流浪記』（新潮社）にこう書いている。

昭和二十一年だったと思うが（二十年の秋かもしれない）、戸塚競馬場が再開されたとき、僕は、まっさきに、喜びいさんで出かけていった。そうして、このときほど、平和というものを強く感じたことはなかった。青空の下で、大勢の人が集まって、天下晴れて公認の博奕を打つ。こんなにいいものはないと思った。防空壕のなかで、懐中電燈でもって花札を引くのとはわけが違う。これが平和というものだと思った。

私が山口瞳という作家を好きになったのは、この文章を読んでからである。

調べてみると、公営（地方競馬）の戸塚競馬場の再開の年は一九四六年（昭和二一）で間違いない。山口の記憶は正しかった。

ただ、草競馬と蔑称された地方競馬の再開が、最初からすんなりと世間に受け入れられたわけではない。やはり競馬は博奕。世間の大半が競馬を白い目で見ている時代に、公認競馬と言われていた中央競馬はまだしも、普通の人が働く平日の昼間に開催されることもあり、地方競馬に注がれる目はことさら冷たかった。

事実、客は玄人や半玄人、下層の労働者が大半を占めていて、しばしば八百長レースが摘発されて、胡散臭さは拭いようもない。まともな勤め人や、まして淑やかな女性が出入りするような場所ではなく、ありていに言うと、出入りすれば世間の顰蹙《ひんしゅく》を買う日陰の賭場そのものだったのである。

占領下の競馬（札幌競馬場）

一方、公認競馬（中央競馬）が戦後最初に再開されたのも一九四六年（昭和二十一）の七月、札幌競馬場である。まぎらわしいのだが、公営競馬とは地方競馬（ＮＡＲ）のことを言い、公認競馬は中央競馬（ＪＲＡ）を指す。今では、「公認競馬」は死語となっている。

札幌競馬を再開させたのは駐留米軍の将校である。

北海道に駐留していたアメリカ第十一空挺師団のジョセフ・スイング師団長が「七月四日のアメリカ独立記念日に、将兵の慰安行事に競馬を開催したい」と北海道庁に申し入れたのである。スイング師団長は「日本人もいつまでも委縮していないで、一緒に愉しもう」と呼びかけたそうだが、自分たちが愉しみたかっただけのことだろう。敗戦直後の日本人にそんな余裕があるはずもない。

当時、競馬関係の法律は戦時中に全廃されたままであった。馬券を売る競馬開催は違法行為となる。道庁はそれを口実にやんわり反対したが、スイング師団長のゴリ押しが通って、戦後初の公認競馬がにぎにぎしく開催された。もちろん馬券もおおっぴらに発売されている。占領下の日本は泣く子と進駐軍には勝てなかったのである。

このとき、米軍がいかに傲慢だったかを示すエピソードが残っている。

「この（札幌）競馬ではアメリカ軍の横暴が目立った。あるレースのゴールで2番と8番の馬が並んで入り、明らかに2番がクビぐらい抜けていたので、係員は掲示板の先頭に、2を掲げた。ところがすぐにアメリカ軍のMPが来て、『それはミスだ。8が勝っているから、変更せよ』と言う。そこですったもんだをやった末に、結局8、2の順位になった。アメリカ軍の連中の勝負馬が8だったのだ。馬券が単勝、複勝のみだったから、この意味は大きかった」（『日本競馬闇の戦後史』渡辺敬一郎著・講談社＋α文庫）

著者の渡辺敬一郎はこのエピソードの末尾に、「権力者の理屈が、常に正しい理屈だ」という十七世紀フランスの詩人ラ・フォンテーヌの警句を加えている――。

それにしても驚くのは、この札幌競馬の初日に一万三〇〇〇人もの日本人観客が押し寄せたことである（うち三〇〇〇人は招待客であったそうな）。

先ほど私が「敗戦直後の日本人にそんな余裕があるはずもない」と憶測で書いたのは訂正しなければなるまい。北海道民は戦時下の長い禁欲生活に飽き飽きしていたのである。その鬱憤《うっぷん》が、一気に弾けたのだ。

競馬への情熱は仕事のエネルギーに転化する。

競馬に向かったこの爆発的なエネルギーが、戦後の経済復興にもつながったのではないかと愚考するのだが、いかがなものだろうか。

ともあれ、こうして始まった戦後の進駐軍競馬はその後大盛況となり、全国二十三道府県に広がったという。しかし競馬にとって不幸だったことは、裏の世界の人間がこの絶好の機会を見逃さなかったことである。

公営とは名ばかりで、実際は暴力団が仕切る「闇競馬」が各地に出現して、競馬場の門は裏社会への入場門と化した。今も残る庶民の草競馬への警戒感はこの辺の事情に根ざしている。

同年十一月の地方競馬法の公布で一応、闇競馬に終止符が打たれている。けれど、容易に想像がつくように、闇の勢力が一度手に入れた利権をやすやすと手放すわけもなかったのである――。

予想の神様

涙橋からゆっくり歩いて五分、私と吉富は大井競馬場の正門をくぐった。左手のスタンド二階にある食堂に入った。昼飯にはまだ早く、私たち以外に客は一人もいない。だが、いつ来ても大井競馬場の食堂は楽しい。まるで居酒屋のような趣きで、安くてうまそうなメニューがズラリと揃い、つい目移りがする。吉富はコーヒーを、私はビールを注文した。

「俺が涙橋を最初に渡ったのは昭和五十一年の暮、二十八歳のときだったかな。そのときはもちろん、そんな哀しい謂《いわ》れのある橋だなんてまったく知らなかったけど」

二日ぐらい煮詰めたのではないかと思われる濃いコーヒーをすすりながら、吉冨が口を開いた。

ここで二人の出会いを書いておこう
私が吉冨と知りあったのは一九七八（昭和五十三）年のことだ。勤めていた会社が倒産した年だから、よく覚えている。場所は行きつけの池尻大橋のライブバー「ロビンズ」。オーナーの本田晴規は私と同い年で、大の競馬ファンである。ある夜カウンターで飲んでいると、本田が目を輝かせながら私に言った。

「斎藤さん、大井競馬場にさ、予想の神様がいるぜ。あいつは天才だ！」

「本当？」

神様、とは聞き捨てならない。

「明日、その神様がここにくるからさ、紹介するよ」

「ぜひ！」

本田がカウンターから客席のほうにまわってきた。ギターを手にとり、ステージに立つ。

これからライブが始まるのだ。本田は若いころ、「有馬徹とノーチェ・クバーナ」という日本一のラテンバンドで歌手兼マネージャーをやっていた男だ。いまは「ロビンズ」で、マスター兼ヴォーカリストとして客の人気を呼んでいる。

得意のレパートリーは、ラテンミュージックである。ブルーグラスやカントリー&ウェスタンもやる。ジャズのスタンダードを歌っても捨てがたい味があった。その夜の歌い出しは、ハンク・ウイリアムスの「ユア・チーティン・ハート」。カントリーの名曲だ。

彫りの深い顔立ちをした本田の喉から、ハンク独特のもの悲しいメロディーが流れ出すと、彼を目当てに通う女性客から小さなため息が洩れる。いつものことだ。

一回目のステージが終わったところで私はロビンズを後にした。なにせ私は倒産会社の社員である。明日の身の振り方を考えないといけない、哀れな境遇にある。早く帰って、女房とこれからのことを話し合わなければならない。

翌日の夕刻、オープン前の店に顔を出すと、ほの暗い明かりのなかで本田と吉冨の二人がカウンター席で飲んでいた。私はさっそく話に加わった。

吉冨は概して静かな男だった。黙々とビールを飲みながら、どういうわけか円周率の話なんかしている。中途から話に入った私にはなんのことやらさっぱりわからない。競馬の予想と「2π r」が、いったいどんな関係があるというのか……。

それでも吉冨の話は面白かった。予想の話もさることながら、合間合間に口をついて出る予想屋になるまでの経歴が、私の度肝を抜いた。

それから二十五年の年月が過ぎた。その間私は、数えきれないほど大井競馬場に足を運び、むろん中央競馬の馬券買いにもいそしんだ。吉冨には及ぶべくもないが、私もまた同時期に競馬に淫する時代を送ったのである。

そのせいではないが、私はサラリーマンをやめた。まったく畑違いの出版業界に飛び込み、編集者兼ライターとなって七年目の年、久しぶりに吉冨と会った。立会川駅で待ち合わせ、涙橋を渡って一緒に大井競馬場の門をくぐったのは先に書いたとおりである。

私は吉冨の半生を書こうと思ったのだ。

「オレのような半端者のことを書いたって、しょうがないだろうに」

私は、逡巡し尻込みする吉冨をなんとか口説き落とした。あの「2πr」の秘密も解かなければならない。

コップ酒　川面に映す　涙橋

これは吉冨の句である。早川志織さんの歌と比べては可哀そうだが、こちらもなかなかどうして味がある。下町の風が薫るような、といったら褒《ほ》めすぎか。

涙橋の下を流れる立会川。川面にゆらゆら揺れるコップの影。橋の上でコップ酒を片手に、せつなげに佇む影は誰なのだろう?

大井競馬場に行くなら、涙橋を渡らなければウソだ。目黒駅から出ている直行バスで行くなんて、芸がなさすぎる。

涙橋を往来するいくつもの人生がある。

上から、涙橋の立看板、涙橋、大井競馬場前景。

第2章　血脈（春木競馬場）

ギャンブル狂の父

吉富の父親は大阪府の繊維の町、泉大津市で洋服の仕立て屋を営んでいた。度を超えた競輪競馬好きで、吉富に言わせると、「親父もまた、ギャンブルに翻弄された生涯だった」ということになる。

当然、家計は苦しい。それでなくても、昭和三十年代の日本では、食うのに精いっぱいという家はめずらしくなかった。そんな時代に博奕狂いの父親がいれば、暮らしはとうてい成り立たない。

吉富を産んで一年後の夏、吉富の母はギャンブルをやめない父といつにない激しさで口論となり、深夜、寝ている赤子の吉富を抱いて家を飛び出した。家から列車の踏切まではものの五分とかからない。

「鉄道自殺をはかったんだ。線路の脇にじっと立って、汽車が来るのを待っていた。そしたら、腹をすかして目覚めた赤ん坊の俺が、急に泣きはじめた。探しに来た親父が俺を奪いとってあやしはじめた。母はそれを見て、無言で家にもどった」

吉冨の母が自殺を思い立ったのは、一度や二度ではなかったという。

父親のギャンブル狂いは収まらない。今なら「ギャンブル依存症」という立派な病名がつくが、当時はそんな洒落た診断を下す医師はいない。まわりからは、博奕狂いのどうしようもない男で片づけられ、誰も近づかなくなる。

だが、えてして不品行な男ほど、自分の子供をかわいがる。世間が相手にしてくれなくとも、子供だけは無条件になついてくれるからである。父親は、物心ついた吉冨を隣町の岸和田にある春木競馬場や岸和田競輪場へ連れ出すようになった。岸和田といっても、降りる駅は一つ手前の春木駅で、駅の右側に競輪場、左側に競馬場があった。どちらも歩いて行ける距離である。博奕漬けの親父に寄り添う吉冨の可愛い姿が、この二つのギャンブル場で見られるようになった。

母親の苦境はともかく、春木競馬場は幼い吉冨にとってそれなりに面白い空間であり、楽しい時間となった。馬の大きいことにはびっくりしたし、父が売店で買ってくれるオデンや焼き鳥もうまい。母親には口が裂けても言えないが、だんだん父からの誘いを愉しみに待つようになっていた。

しかし……。

吉冨が五歳のとき、母親はとうとう父に見切りをつけ、家を出て行き、二度と帰らなかった。

「俺は親子心中の生き残りであり、母親に見捨てられた子供だったのさ」

「……」

私は、声も出ない。

「しばらくたって、そんな父にも後妻が来てくれたんだから、大人の世界は不思議だねえ。俺はその人に育ててもらったんだ」

「育ての母だね」

「もう亡くなってしまったけど、繊維工場で懸命に働いて暮らしを支え、ずいぶん俺をかわいがってくれた。本当に感謝している」

吉冨には、今でも忘れられないそのころの思い出がある。

「家には風呂がなかった。歩いて小一時間もある義母の実家にもらい風呂に行くんだ。夜中の田舎道を歩いていると、側を流れる小川の中で何かが不気味に光っている。蛇の目だった。怖かったなあ。

親戚の大家族がみんな入り終わった後にやっと自分の番になるんだが、風呂のお湯は半分ぐらいになっているし、表面は垢でフタをしたような状態さ。気持ち悪くてね、情けなかった。幼い自分にもずいぶん屈辱的なことだった」

私も同じ時代に、同じようにもらい風呂の体験をしている。そこは親戚の農家で、風呂は母屋の外にあった。洗い場にムカデや得体の知れない虫が這いずり回っている。生来臆病な私は、わかっていても「ギャアッ」と叫んでしまう。気絶しそうなほど怖かった。思い出すと、今でも体に震えがくる。

昭和三十年代の日本、とくに地方の暮らしは貧しかった。

吉富の家には借金取りが毎日のように押し掛けてくる。夜逃げ同然にいく度となく住まいを変えた。子供の吉富はそんな環境の中でだんだん精神的に不安定になる。いつもまわりを気にして、常に他人の顔色を窺うような子供になってしまう。

小学校四年のとき、借金取りから逃げるため、線路を隔てた隣の地区に隠れるように引っ越した。校区が変わるので本来なら転校しないといけないのだが、吉富は見知らぬ学校が嫌で、元の小学校に通い続けた。学校が違えばよそ者扱いにされる。吉富はなんとか仲間外れにされないように努力しなければならない。腕力のあるガキ大将の子分になった。

「二年下にカッチャンという吃音《きつおん》の強い子がいてね、そのことをすごく気にしていた。ある日、オレたちのガキ大将がカッチャンをからかおうと提案してさ、オレたちにやれと命令したんだ」

「逆らえない？」

「仲間外れにされたくないから、言われた通りにするしかなかった」

障がいのある子をからかう残酷さは昔の子も、今の子も変わらず持っている。

「カ、カ、カ、カッチャン」

とみんなが呼びかける。吉冨もその輪に入って声を上げる。

「カ、カ、カ、カ、カッチャン」

もうそれだけで、カッチャンは顔を真っ赤にする。

「ア、ア、ア、アソボウ」

カッチャンは、今度は青くなって体を固くする。その様子を見て悪ガキどもが笑いこける。

なんという残酷なことよ、と吉冨は昔をふり返った。

「今でも思い出すと、慚愧《ざんき》の念に耐えない。極貧のなかでいつもオドオドしていた弱いオレが、障がいのある子を、その障がいをネタにからかったんだ。とても卑怯なことだ。本来なら、体を張って守ってやらないといけないのに」

カッチャンはそれから半年後、自殺する。

実際には大して悪意のない（と信じたい）ガキどもの悪ふざけが、思いもよらない惨事を生んだ。

カッチャンの自殺は吉冨たちのいじめが直接の原因ではなかった。けれど、「遠因となったのではないか」と、吉冨はずっとおびえ続けた。

「カッチャンへの贖罪の意識は今も持っている」

「……」

吉冨の原体験のひとつだ。七十歳近くになった今でも、ときどきよみがえる負の記憶である。

私は話題を変えた。

「春木競馬場ってとっくに閉鎖されたよね」

「そう、たしか、昭和四十九年ごろだったと思うな」

吉冨は目を細めて、そう言った。なんとなく懐かしい気分におそわれたらしい。

揺籃の春木競馬場

草競馬の文字通り草分けとなった春木競馬場の歴史は古く、大阪府岸和田市（旧大阪府泉南郡南掃守村）に開設されたのは、一九二八年（昭和三）のことである。延長一二五〇メートルの本馬場と、一一一三メートルの障害コースがあった。当時、地方競馬で障害レースが行われた競馬場は少ない。中央競馬の馬場と比べ規模も設備も著しく見劣りする地方競馬場のなかでは、めずらしく特色ある競馬場であった。

以下、春木競馬場の略譜を記す。

一九三九年（昭和十三）　軍馬資源保護法の施行に伴い軍馬鍛錬馬場として鍛錬馬競走を実施

一九四二年（昭和十七）　春木競馬場が全国一位の売上げを記録する

一九四四年（昭和十九）　戦局激化に伴い休止、用地は学徒訓練用のグライダー滑走路に転用されたほか、食糧増産のための畑となる

一九四七年（昭和二十二）　終戦二年後、地方競馬として復活

一九四八年（昭和二十三）　府営競馬として大阪府に承継される

一九七一年（昭和四十六）　大阪府が春木競馬廃止を決定

一九七四年（昭和四十九）　三月、春木競馬場が閉鎖される

略譜を見て、オヤ？と思うのは、戦争初期の一九四二年に地方競馬で全国一の売上げを達成していることである。鍛錬競争しか行われていなかったはずなのに、馬券は売られていたということになる。戦時下に競馬場で馬券を買っていたのはどんな階層だったのか？　興味深い。同朋が遠く離れた中国大陸で戦火をかいくぐっているその最中に、博奕に興じられる優雅な男たちがいたのだ。

しかし、戦局の悪化とともに、ほかの地方競馬場と同様、一時開催中止となる。

競馬場の敷地は広大だ。遊ばせておくのはもったいない。どの競馬場も畑に転用（再墾）されて、腹を空かした庶民のためにさつま芋などが作られたのである。昼食はアルミの弁当箱に蒸したさつま芋がゴロンと一本、そんな哀れな時代だった。白米に赤い梅干が入った日の丸弁当なんぞは、米が食べられるだけ贅沢だったのである。

敗戦をはさんで二年後の一九四七年（昭和二十二）、春木競馬場も再開される。

春木競馬場の主催団体は、大阪市と府下の十七の市。当時は岸和田競輪や京都府の向日町競輪のほうに人気があり、しばらくは売上げ低迷の時代が続いた。高度成長期に入った一九六〇年（昭和三十五）ごろからようやく売上げが伸びだし、やがて日本でも有数の売上げを誇る地方競馬場となった。

「俺が親父と一緒に頻繁に顔を出していたのは、この少し前のことだな」

一九六四年（昭和三十九）にはスタンドが四階建てに改装され、新装成った春木競馬場は多くのファンでにぎわう。ちなみにこの年は、東京オリンピックが開催された年で、名馬シンザンがクラシック三冠を制し、中央競馬も戦後初の黄金期を迎える。

春木競馬場の運命が暗転するのはその四年後のことだ。

一九六八年（昭和四十三）、時の大阪府知事、左藤義詮が公営ギャンブル廃止の方針を打ち出す。収支が黒字だったにもかかわらず、突然、春木競馬の開催が停止されたのである。当然、春木競馬の関係者は黙っていない。猛烈な反対運動を繰り広げた結果、むこう三年を限度として開催を継続することで話がついた。

その期限が来た一九七一年（昭和四十六）の春、大阪府下の各市町村や競馬関係者は、なにしろ黒字開催なのだからと、再度の開催延長を要望した。やめる理由がないのだから、もっともな要求である。

この春、大阪府の知事に共産党推薦の黒田了一が就任していた。革新系の知事が公営ギャンブルに冷たいのは当たり前だ。大阪府は首を縦に振らず、廃止に伴う補償費六二億円を提案して開催者側に妥協を迫る。この飴の威力は絶大で、強硬だった主催者側もついに折れ、廃止を呑んだのである。このとき、見返りに、一九七二年（昭和四十七）から一九七三年（昭和四十八）の二年間のみ競馬開催を行うことになって、春木競馬は一年ぶりに再開されている。

それにしても、大阪府はなぜ、これほどまでに競馬場の閉鎖に固執したのか。一度やめると言ったものを覆せばメンツが潰れる、という官僚の傲慢なのか。「由《よ》らしむべし、知らしむべからず」は行政マンの本音である。市民団体の陳情なんぞ、聞いたふりしているだけなのだ。

いま考えても、春木競馬場の廃止に合理的な理由を見いだすのは難しい。

消えゆく地方競馬

「あのころは、東京は美濃部亮吉、大阪は黒田了一、革新系知事が庶民受けをねらってギャンブル場を次々に廃止していったんだ。いわゆる市民派や革新系組合が廃止の後押しをしていたからね」

吉冨が言った。

「そう、そう。あのころの日本は左翼知識人の天下だった」と、私も追従する。

「それと主婦連のおばさんたちが反対運動に熱心だったね。あの人たちは競馬や競輪を単なる博奕としか見ていない。底が浅いねぇ。あのころ後楽園競輪がなくなったのをよく憶えているよ」

後楽園競輪が、「都営ギャンブルを全面的に廃止する」という美濃部知事の方針のもとに廃されたのは一九七二の秋である。

私は、ざっくり言うと、「いかがわしいものが一定程度許される社会」のほうが好きだ。街の賑わいに「いかがわしきもの」は必須であると思う。パチンコ屋と小さな本屋と赤提灯がない駅前は寂れる。本屋と赤提灯がいかがわしいと言っているのではないが。

そういう意味で、美濃部さんも黒田さんも名だたる碩学《せきがく》には違いないし、政治家としても尊敬するが、もう少し度量を広く持ってもらいたかったと、生意気にも考えている。

民俗学者の大月隆寛は著書『うまやもん』（現代書館）の中で、次のように地方競馬の効用、すなわち文化論を展開している。

「天下り元農水官僚のバカ市長の横暴で、いきなり廃止になったばかりか競馬場の建物自体をそそくさとぶっこわしちまった中津（競馬場）は論外だけれども、競馬自体は開催されなくなっても未だに競馬場の施設は馬場もスタンドもそのまま残っていて、場外馬券発売所になっている益田（島根県）でも、上山（山形県）でも、実際に生きた馬が馬場を走らなくなっている、そのことのどうしようもない欠落感は、その後、地元の人の多くがみんな感じている。たとえ賞金二十万円くらいの小さな競馬でも、月に何日か開催があり、それで勝ったら勝ったで飲みに行き、負けたら負けたでまた街に繰り出す、そのことの華やぎというのはかけがえのないものだった。定期的にやってくるそんなささやかなお祭りの愉しみというやつがもうなくなってしまった。ふだん、競馬なんかにそれほど関心のなかった普通の人たちでも、いざ競馬がなくなり、競馬場がつぶされるということに直面すると、その存在感を改めて身にしみる。なくなって初めてわかるありがたみ。だから、どんな小さな競馬場でもうっかりとつぶしてしまってはいけない。なくなった競馬は二度と戻ってこない」

私は二十年ほど前、この文に出てくる大分県中津市の中津競馬場を訪れたことがある。そこはスッピンの中年女性のように飾り気のない、まるで刑務所の運動場のような厳しさを湛《たた》えた競馬場だった。といっても、私は刑務所に入ったことはないのだが。南関東で言えば、改装前の川崎競馬場に似て、まさにこれぞ鉄火場という雰囲気。私は大いに気に入った。馬券の成績はサッパリだったが、楽しく遊んだ。

その中津競馬場が当時の鈴木一郎市長（イチローとはむろん別人）の独断で二〇〇一年の六月にあっさり廃止されてしまったのだ。建物もそそくさと取り潰してしまったらしい。それを大月氏は「論外」と怒っている。中津競馬場の関係者の怒りに火を注いだのは、鈴木市長が補償費を一切払わないと明言し、開催関係者たちが「俺たちはどうやって食っていけばいいんだ」と詰め寄ったときに、「生活保護を受ければいいだろう」と言い放ったからだと、当時の記録にある。

事実なら、呆れる。

鈴木市長による廃止決定はその後の地方競馬場の閉鎖に道を開く。全国で堰《せき》を切ったように地方競馬が廃されていく。そういう経過があるので、地方競馬ファンにとって、鈴木一郎という元農水省官僚は、許しがたい存在なのだ。しかしその鈴木氏も故人となったいま、これ以上氏のことをあげつらうのはやめておこう。

鶏の唐揚げの町、中津から競馬場が消えて久しい。たった一度だけだったが、行っておいてよかった。


中津の追憶から覚めて、私はビールのつまみに唐揚げを頼んだ。

その時、吉冨が思い出したように言った。

「でもね、黒田了一という人は、俺が出会ったなかで、心から尊敬できる数少ない人物の一人だったよ」

「えっ、トミは黒田さんに会ったことがあるの？」

私は吉冨を「トミ」と愛称で呼ぶようになっていた。

「大阪市大で、黒田先生は教鞭をとっていた。俺は先生の『憲法学』を受講していたんだよ」

「そうか、トミは大阪市大の法学部中退だったよね」

「黒田先生は戦後すぐ、シベリアに抑留されてね、そのときの酷い寒さの後遺症で指の第一関節から先が曲がらなくなったんだ」

「ほう」

「なかなか、洒脱な方でね、講義の合間に自分の学生時代のことをよく話してくれた」

黒田了一は東北大学に学んだ憲法学者である。同時に歌作をよくし、「草舟」の号をもつ歌人でもあった。東北大学の学生時代に詠んだ習作のなかに次のような歌がある。

春の夜を ひたすらめぐる六法に 恋というのは見い出さざりけり

「恋はなかったけれど、故意はあった。それが先生のオチでね」

「『未必の故意』の故意だな」

このころの私はミステリー小説に淫していたから、その程度の法律用語はわかる。

「そう、そう」

「その洒脱な先生が廃止した競馬の道を、いま教え子のあなたがひたすら歩んでいるというわけだ」

「黒田先生も、自分の教え子の中から、地方競馬の予想屋が出るとは夢にも思わなかったやろなぁ」

「まったく」

二人は笑い合った。

春木競馬場にはたすきがけの障害コースがあり、地方競馬では最後に障害競走を行った競馬場でもある。場内には小さな春木川が流れていて、第三コーナー付近にコースをまたぐ橋が架かっていた。馬たちはその橋の上を疾駆していたのである。なんともめずらしくも牧歌的な景観ではないだろうか。たぶん、世界にふたつとない競馬場だったはずだ。

十九世紀のアメリカの音楽家スティーブン・フォスターが十九世紀の半ばごろに作曲した歌曲「草競馬（Camptown Races）」、この曲を知らない人は少ないだろう。アメリカの多くの競馬場で場内音楽として流され、日本では立会川駅の列車接近メロディーとしても使われている。むろん、大井競馬場があるからだ。

「草競馬」の歌詞は底抜けに明るい。陽気な競馬好きの歌だ。旋律も軽やかに弾んでいる。だが、私には、ともするとその旋律が物悲しく響いてくる瞬間がある。歌詞とメロディーの乖離《かいり》を感じるのである。

草競馬が始まる　ドゥダードゥダー
五哩の競馬だぞ　おおドゥダデー
シャッポを被って出かけ　ドゥダードゥダー
銀貨を摑んで帰る　おおドゥダデー
一日中　駆け回り

しっぽの短い馬に　金を賭ける

（津川主一訳詞）

原題の「Camptown Races」のCamptownとは、十九世紀半ばの開拓時代、大陸横断鉄道敷設の際に、建設会社が建てた労働者のための広大な仮設テント村のことだ。そこでは競馬も行われていたのである。酒と女と賭け事、それがなければ、とてもじゃないがこんなつらい仕事、やってられないぜ。労働者の哀愁が陽気な旋律の裏にひそんでいる。

この歌は、今のお洒落な大井競馬場には似合わない。長閑《のどか》だが哀愁がこもる往時の春木競馬場にこそふさわしいと思う。

昭和三十年の大穴馬券

と、ここまで書いてきたとき、私の愛読書のある文章がふと浮かんできた。前にも引用した山口瞳の『草競馬流浪記』、その「姫路・紀三井寺」の章にある文である。

昭和三十年暮のことです。暮と言っても大晦日に近い日だったたんですねぇ。この日、春木競馬場で十四万九千八百六十円という大穴が出たんです。ゴール前の柵のところで腰を抜かしていたおっさんがいたんです。幼い坊やを連れていて、ヨレヨレ、ボロボロの服を着ているんです。私もそれを見たんですねえ。このおっさんが、その大穴を当てたんですよ。

このおっさんは大変な競馬狂で、家の中にはお金がないんです。それで、このおっさん、奥さんが畳の下にかくしていたお金をみつけたんです。それも八百円。百円玉が八枚です。それを持って春木へ来たんですって。その八百円の最後の百円で買ったのが大穴になったんです。おっさん、涙をぼろぼろ流しまして、これで、もう、思い残すことはない。これでフンギリがつきましたと言うんです。もう競馬はやめます。金輪際やりません。思い残すことはひとつもありません。

泣きながらそう言うんです。まわりにいた人たちも私もモライ泣きしましてねえ。

「おっさん、もう競馬はやめや」

「うん、やめた」

「その子供に餅買うたれや」

「買うたる、買うたる」

「肌着買うたれや」

「買うたる、買うたる」

「おかんに正月の晴着買うたれや」

「おう、買うたる　買うたる」

　みんな涙ながらに声援したんです。おっさん、有難い言うて、手を合わせとるんですわ。もう競馬はやめや言うて……。ところが、これに後日談があるんです。

　年があけて、正月の春木競馬の初日のことです。第一レースの前、三十分ぐらい、こっちは商売ですから、正月でもなんでも出かけるんです。ふと見ると、乳呑児を背負って、幼い坊やの手を引いた三十なんぼかのおかみさんが歩いてくるんです。その前に立って歩いてくるのが、なんと、あの大穴馬券のおっさんやったんですねえ。

　どうも、この、競馬ってものは……。


　切ない話だ。私はこのくだりを何度読んだことか。読むたびに鼻の奥がツンとなる。自分をこのおっさんに重ねてみたり、あるいは幼い坊やに重ねてみたり。

　今回、ここに引用しながら、

　――まてよ！　このおっさんと男の子は、ひょっとして、吉冨親子のことではないのかと、ふと閃いた。

　昭和三十年といえば、昭和二十二年生まれの吉冨が八歳のころ。年齢も合う。

　幼い吉冨が山口瞳の随想に登場していた！　実に愉しい想像であった。一方で、もし本当にそうなら、とてつもない偶然である。背中がゾクッとした。山口瞳にこの万馬券事件の話を披露したのは、兵庫県園田競馬場の名物場内アナウンサー、吉田勝彦氏である。吉田氏こそ、吉富親子の最後の目撃者ではなかったか――。

むろん、吉富にも聞いてみた、おそる、おそるだが。

「トミ、心当たりないの？」

記憶にない、とすげない返事が返ってきた……。

ちなみに、日本で初めて一万円札が発行されたのは一九五八年（昭和三十三）のことだから、このおっさんが万馬券を当てたときには万札はない。十五万に近い大金を全部千円札で受け取ったのだろう。その重みと厚みに、おっさんが顔をクシャクシャにしただろうことを想像すると、つい頬がゆるむ。

吉富の幼少期を哀しい色に染め上げた春木競馬場も姿を消して久しく、その姿を二度と見ることはできない。春木競馬場の跡地は現在、市民が憩う岸和田市中央公園となっている。

二〇一六年の九月末、私は吉富が幼少期を過ごした泉大津市、岸和田市、そして春木競馬場跡の中央公園を訪れた。けれど、そのどこにも吉富の話す昔の面影はまったく残っておらず、馬たちが渡ったという春木川にかかる橋の上に佇んだだけで帰ってきた。

ただ、公園の管理事務所に行き、何か馬場の跡を偲ばせるものがないかとたずねたとき、職員の女性が古い資料を探し出してくれ、昔の春木競馬場のコースと現在の公園の位置が比較できる二枚の写真を見せてくれた。

たしかに、春木川に架かる春木橋は勝負どころの第三コーナーの跡だったのである。それを確認できただけでも、わざわざ岸和田まで足を伸ばした甲斐があったというものだ。

JR南海線の春木駅を挟んで、吉冨親子が通った岸和田競輪場がある。春木競馬場から歩いて三十分くらいだろう。寄ろうか寄るまいか、一瞬迷ったが、止めておいた。帰りの電車賃がなくなったら大ごとだ。

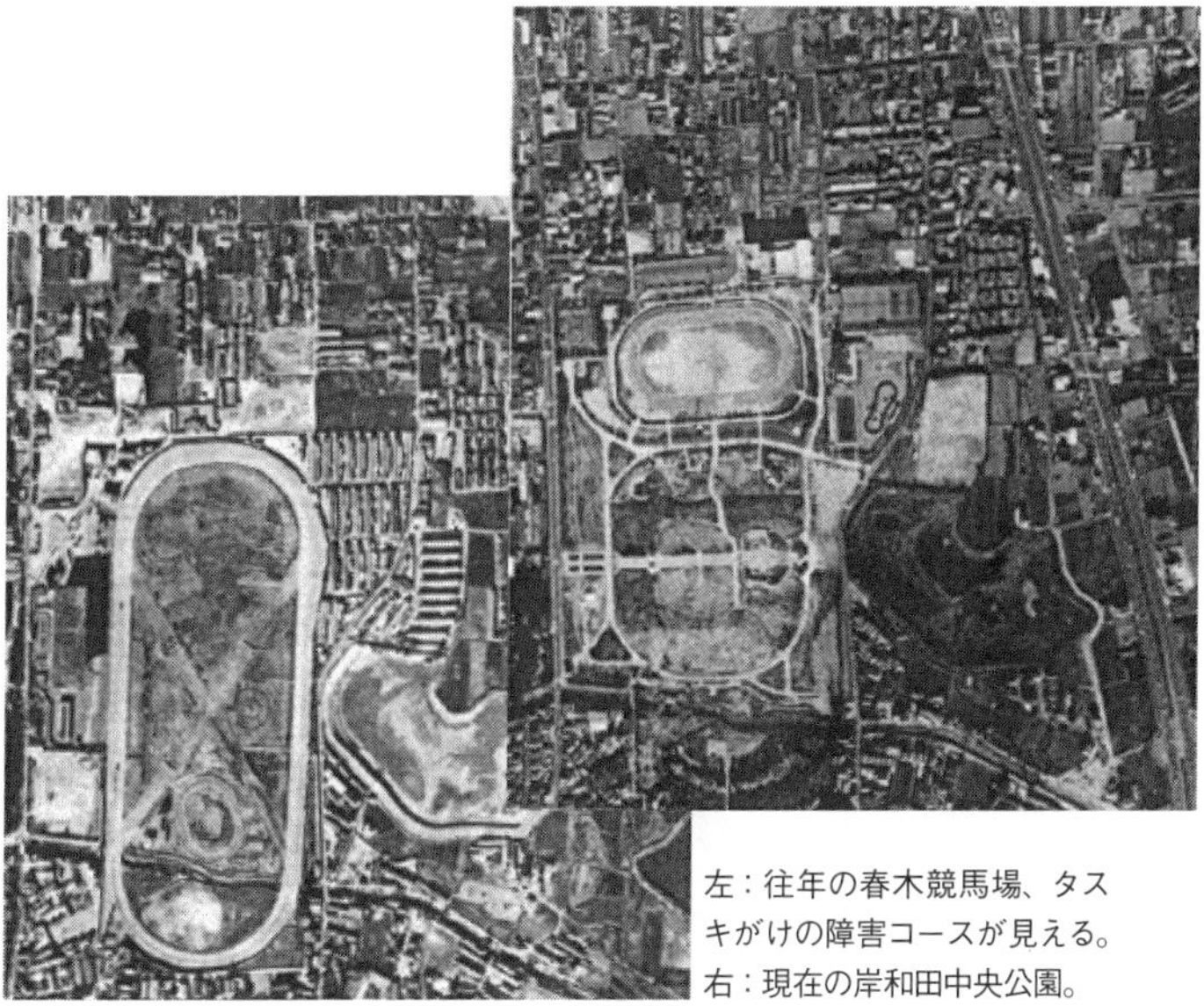

左：往年の春木競馬場、タスキがけの障害コースが見える。
右：現在の岸和田中央公園。

第3章　暴走（京都競馬場）

測量会社に就職

時が過ぎて一九六三年（昭和三十八）四月、吉冨は大阪府立岸和田高校に入学する。県下きっての名門進学校である。ちなみに二〇一六年の偏差値ランキングでは、偏差値七三でSランク。仏文学者の奥本大三郎やファッションデザイナーのコシノヒロコ、岸本義広元東京高検検事長などの著名人を輩出している。

自閉症気味のひ弱な少年だった吉冨は近所でも評判の秀才となっていた。だが、父親の博奕狂いはおさまらず、貧乏暮らしも変わらない。大学進学は頭になく、とにかく卒業したら働こうと考えるけなげな少年だったのである。吉冨は、世の中に「奨学金制度」というものがあることを知らなかったという。

担任の教師から公務員になることを勧められたが、気が進まない。信用金庫も紹介されたが、これも断ってしまった。

結局吉冨は、大阪の天王寺にある戸江設計測量事務所に就職することにした。その理由は単純に給料がよかったからである。一九六六年（昭和四十一）四月のことだ。仕事は土地や家屋の測量図面をつくることで、定規一本と鉛筆一本さえあればいい。理系の頭を持つ吉冨にとって、慣れてしまえば簡単な仕事だった。そのうち、簡単な設計もできるようになり、さまざまな役所への申請書類の代書まで手掛けるようになる。

ある日、兵庫県芦屋市にあるお屋敷の測量の仕事が入った。持ち主は総合商社トーメンの会長だという。戸江所長のお供で現場に行ってみて驚いた。自分の住む狭い家とは何という違い。こんな広い家が世の中にはあったのだ、これが豪邸というものなのかとすっかり肝をつぶした。

驚いたのはそればかりではない。午後の休憩時にお茶とお菓子が出された。

「お菓子を一個口にしたら、とてもこの世のものとは思えない美味しさだった。もう一個と思ったが、自分がみじめになる気がしてやめた。戸江所長の手前、恥ずかしいしね」

仕事を終え、犬の吠える声に送られてお屋敷を後にする。重い測量器具を抱えながら、そのとき吉冨が感じたものは、ただただ「むなしさとアホらしさ」だった。

「貧富の差なんてありふれた言葉じゃ言い表せないほど、自分の暮らしとのどうしようもない隔たりを感じてイヤになっちゃった。なんだかバカバカしくなってきた。このまま測量事務所でコツコツ働いていてもしょうがないって」

測量事務所に大口の仕事を持ってくるのは法律事務所である。測量事務所はいってみれば、法律事務所の下請けみたいなものだ。事務所の所長も法律事務所の弁護士にペコペコ頭を下げる。日ごろ見慣れていた光景であるが、トーメンの会長宅に行ったあとではそれも鼻についてしょうがない。

「よし、弁護士になろう」

吉冨は思った。

若いし、世間を知らないから決断も早い。吉冨はさっさと測量事務所をやめ、翌年の春、今度は南森町のM法律事務所の事務職員となる。同時に、弁護士になるために大阪市立大学の法学部に入るのである。

考えてみると、吉冨は本来の意味で「浪人＝武者修行」してから大学に入ったことになる。大学に入る前にインターンを済ませたようなものである。

「よく入れたね。働きながら受験勉強をしていたの？」

「それが俺も、ひっちゃきになって勉強したという記憶はないんだ。運よく入れたんだな」

吉冨がまぎれもない秀才であったことは、この一事からしてもわかる。

「法律事務所ではいわゆる書生扱いでさ、大学の授業の合間に仕事すればいいという好条件だった。そのかわり、給料はべらぼうに安かった」

吉冨はこの法律事務所で、思いもしなかった世の中の姿、裏の仕組みを垣間見ることになる。

法律事務所の素顔

吉冨が一念発起して大阪市大の法学部に入ったのは一九六七年（昭和四十二）である。

私もその前年、東北の小さな村を出て、憧れの都会暮らしを始めた。東京の国立大学（東大ではない）に合格したのである。ちなみにこの年の大学進学率は十六パーセント、大学生がまだエリートの時代だった。馬でいえばサラブレッドである。

吉冨は法律事務所の収入と家庭教師の報酬だけで生活費と学費を賄わなければならない。とても贅沢はできない。そのうえ、頭痛の種があった。

父親が吉冨の家庭教師の収入を当てにしてカネの無心をしてくるのである。しかも吉冨に知らせず、直接家庭教師先に息子のバイト代をもらいに行くことさえあったという。

「ひどい父親だな」

「生涯、ギャンブルから離れられなかった」

幼いころに抱いていた父への愛情が少しずつ冷めていく。本当は父のことが大好きなのである。だが博奕にのめり込む父親の姿を見るといたたまれなくなる。自分がそんな父親の放埓な性癖を受け継いでいる、性格が似ているという自覚が吉冨を苛《さいな》む。

「そんな父親との葛藤もあってさ、高校時代の同級生だった女の子を呼び寄せて同棲を始めたんだ。誰かがそばにいないと寂しくて仕方がなかった。自分のことを理解し、寄り添ってくれる人がいないと潰れそうになる」

「法律事務所の仕事はどうだった？」

「それだよ。入ってしばらくして気付いたんだけど、なんと暴力団の人間がけっこう出入りしているんだ。最初は不思議に思ったけど、なんのことはない、仕事を持ってきてたんだよ」

M法律事務所は不動産関係の訴訟に定評のある事務所だった。地上げや差し押さえのプロなのである。事務所に出入りしていたのは組織暴力団の事件屋である。

「先生、これどうですか？」などと、弁護士に事件を持ってくるのである。

その男はとてもおしゃれで、物腰も柔らかく、事務所の女性職員にも人気があった。とても暴力団の人間には見えない。

それが、一変するのである。電話口で相手を威嚇する声の凄みに、吉冨はビビッた。

物件の差し押さえ、競売、入・落札の一貫した流れに、暴力団と弁護士事務所が周到な打ち合わせの下で介入している。取り締まる側の警察も薄々わかっているが、民事不介入の原則でなんともならない。

「そういうのを日常的に見ていてさ、なんだこれは、法の正義なんてどこにもないじゃないかって思ったんだ」

「その事務所は暴力団専門だったの？」

「そうじゃない。表ではきちんとした法律相談、訴訟をやっている。根っからの悪徳じゃないんだ。M弁護士は警察官上がりの苦労人だったから、俺も尊敬していたんだ。だから、なおさら腹が立った。腹は立ったけど、かといって、検察官になってこいつらを懲らしめてやろうとも思わなかった」

法律の世界がたてまえの世界であること、悪い奴らの隠れ蓑でもあることを吉冨は知る。

吉冨は、まもなくM法律事務所をやめた。

学生起業家

次に入った職場は、「丸菱」という水洗工事の専門業者だった。仕事は図面引きで、測量会社での経験が役に立った。時給も高く、吉冨は本腰を入れて取り組む。もうアルバイトというより、本業に近い。

時代は七十年大阪万博の二年前である。会場となる大阪北部では下水インフラの整備が国の旗振りで大々的に進められていた。下町の下水処理場から山側に向かってどんどん下水管が敷設されていく。下水管が通ればその地区は「放流開始地域」となり、トイレの水洗化工事を始められる。下水を流すことを業界用語では「放流」という。

「水洗化工事は役所に申請しないといけない。だが手続きが面倒だ。図面も必要だ。町の工事屋にはそれをやれる人間がいないんだ。俺は測量会社でその辺のノウハウを身につけていたし、法律事務所で書類のつくり方も勉強したからね。図面を引いて、申請書類をつくるなんてどうということはなかった」

「ふむ」

「専門業者でバイトをしながら、これを自分でやったら儲かると、はたと気付いたんだ」

「おお！」

「町の水道業者はそのころ、民家の水道管の修理や新築家屋の水道敷設ぐらいが主な仕事で、そうしたおいしい水洗化市場に気付いていなかったんだ」

「そこにいち早く目をつけたのが、アルバイト学生のトミだった」

「そういうことになる」

「工事の前には住民説明会を開く。それはちゃんとした資格を持つ会社でないとできないんだ。そこで俺は考えた。しっかりした業者の名義を借りたらどうだと」

「なるほど」

「ある資材業者が東大阪のH水道という水道工事会社を紹介してくれたので、そこの社長に直談判しに行った」

「エエッ。学生バイトの分際で、社長に直談判しようとはいい度胸だ」

私は半信半疑だった。

「まあ、断られたらそれまで、駄目でもともとだからさ」

「度胸がある」

「あのころはまだ、下町の家はほとんどぼっとん便所だった。町会長に話をつけて長屋一棟の水洗化を請け負うと、工事費が一軒につき十五万円で、二十軒あるから三百万円になる。その半分が儲けになった。水道屋の社長というのは地元の古い顔役だからね。町内会をまとめるのも簡単なんだ」

「そうかあ」

万博会場には世界中から観光客がやってくる。開催都市のトイレが汲み取り式の「ぼっとん便所」では具合が悪い。トイレの水洗化率は近代化のバロメーターなのである。大阪市は、公共施設ばかりではなく、一般の民家にも水洗化を奨励し、一戸につき十万円の無利子融資を実施していたのである。

「さっきも言ったけど、下水道工事が終わると、『放流』といって、家庭の汚水を下水道に流せるようになるんだ。その水道工事の進捗情報は市役所にある。俺は市役所に頻繁に通ってその情報をいち早く取ってきた。どの業者よりも早く住民説明会を開いて仕事をとる」

「情報戦か」

「そのうち、気付いた大手の専門業者と競争になったんだが、それでも俺は負けなかった」

「どうして？」

「大手の専門業者は工事が終わったら、そこからいなくなる。その後のアフターケアができない。その点、こっちは地元の水道会社と組んでいるから、いつでも修理に伺いますよって強調したんだ。水回りなんてしょっちゅう故障するからね」

「なるほど」

「Ｈ水道の社長が名義貸しにＯＫを出したのも、それを俺が説明してやったからだ。こりゃ、たしかに儲かるわ、ってね」

吉富は、司法書士をめざしていた高校の友人、関村明を誘って共同経営の会社を設立する。

「運転資金はどうしたの？」

「開業資金も、運転資金も、ほとんどその友だちの実家から出してもらった」

これが昭和四三年、大学二年の秋のことだ。今でいえば学生ベンチャーということになる。

仕事は順調に滑り出し、次々に仕事が舞い込み、てんてこ舞いのいそがしさとなった。

「実際、儲かったねえ。夢みたいだった」

儲かってしょうがないので、吉富はこのとき、人助けもやっている。

「不法滞在の外国人は市の公的支援を受けられない。大阪の生野区には外国人登録をしていない不法住居者が住んでいた。ひどいあばら家でね、無償で水洗化工事してやったこともあった」

貧乏だった吉富は、困っている人を見ると、つい助けたくなる。吉富は在日朝鮮人たちにひどく感謝された。

汲み取り業者との戦い

しかし、いいことずくめだけではなかった。世間には〝悪臭〟を放つ裏がある。

水洗化工事の仕事は、まずぼっとん便所を壊すことから始まる。古い便器をはずして排泄物をためるカメを壊す作業だ。当然、最後のし尿を処理しなければならない。臭くて厄介な仕事だが、人の嫌がる仕事だからこそ儲かる。糞尿をきれいに流し去ったあと、カメを粉々に砕いて地中に埋め、平らに地ならしをして、新しい便器の取り付けにかかるのである。

「ところが、思わぬところから横やりが入った。誰だと思う?」

「わからん」

「汲み取り業者だ。し尿処理は自分たちの仕事だ、勝手に処分するなと文句をつけてきた」

「おや、おや」

「水洗化になると、当然、汲み取りの仕事はなくなる。彼らは仕事を失う。同情すべき点もある。けれど彼らはすでにその補償金を手にしていた。こっちに文句を言うのは筋違いだ」

「ふむ」

「最後に凄んだときのセリフが傑作だった」

「ほう」

「残った最後の糞尿は、俺たちの権利だ。勝手に捨てるな！　最後の一回分を払え！」

「ははは」

私は腹を抱えて笑ってしまった。

「こっちも言ってやったよ。それなら糞尿をさらいに来てくれ、よろこんで譲るよってね」

汲み取り業者に初めからそんな気はない。ただ金をふんだくるためにイチャモンをつけている。

「汲み取り業者は、糞尿がたまった分を請求すると言って百万円を要求してきた。俺は、そんな金は払えないと拒否した。汚い仕事をやったのはこっちだ。逆に金をもらいたいくらいだってね」

「うむ、それもそうだ」

「その場はそれで引き下がった。やれやれと一安心していたら、数日後、汲み取り業者が暴力団Y組の人間を使って俺を脅しにかかってきた」

「怖いねえ」

「俺もさすがにビビッて、警察や市役所に相談した。だが、役所の人は心配してくれるけど、何もできない。警察は、なんかあったら電話してこいと言うだけだ」

「だろうねえ。それで、どうなった」

「たまたま、出入りのタイル業者に話したら、簡単だよ、まかせてくれって。なんか自信ありげに言うんだ」

大阪難波に親しくしている焼肉屋があり、そこの主人なら話をつけてくれるはずだという。

吉冨はわらにもすがる思いでタイル業者の話に乗った。

交渉当日がきた。

焼肉屋の主人が頼んだ交渉人が、白いクラウンに乗ってやって来た。二人だ。その風体たるや、どう見ても堅気ではない。あとでわかったことだが、関西進出を狙っていたS連合の組員と傘下のK会の組員だった。

（まずいなぁ）

吉冨は後悔したが、後の祭りだ。

その二人はさっそく、焼肉屋で待っていたY組の人間を脅しにかかった。

「関東系のそのヤクザたちは、相手がY組の人間だというのは単なるブラフだと思っていたんだね。どうせ嘘だろうとたかをくくって、舐めてかかった」

黙って聞いていたY組の男は、胸から名刺を取り出して二人の前に置いた。金箔の代紋入り。関西きっての組織暴力団の名刺だった。

こちら側の二人のヤクザはそれを見て急に態度を変えたが、もう遅い。Y組の男が「ここでは、なんだから、事務所に行こう」と凄む。

「否も応もない。俺もその二人と一緒に、組事務所に連れて行かれた」

組事務所では二人の関東ヤクザは散々凄まれたが、そのうち「あ、おじきをご存知なんで」なんて話になって、いつの間にか和気あいあいの雰囲気になってしまった。

「結局、交渉はまとまった。当てが外れたのは、汲み取り業者の言い分にも一理あるから、まったくゼロというわけにはいかないと、十五万円を払わされたことだ」

「よかったじゃない、ヤクザが間に入って、その金額なら」

「ところが、それだけでは終わらなかった。焼肉屋の主人が、百万のところを十五万で片づけてくれたんだから、謝礼五十万円、二人のヤクザに払えと言ってきたんだ」

なんのことはない。焼肉屋の主人も、S連合の組員だったのだ。焼肉屋は偽装看板で、実際は関西進出の拠点だったのである。よく考えてみれば、堅気の人間がヤクザ相手に話をつけるなど、できることではない。筋者《すじもの》と話ができるのは、同じ筋者だけだ。

「謝礼金の話を持ってきたとき、タイル業者の顔が腫れていた。たぶん、関東ヤクザに殴られたんだろうな。段取りが悪いとかなんとか言われて。しょうがない、本来なら値切れるはずもない五十万円を無理矢理タイル屋に値切らせて三十万円を払ったよ。ほんとにエライ目にあった」

「ヤクザはいったん食らいついたカモを徹底的にしゃぶりつくす」

「ああ。タイル業者は俺にどなられ、ヤクザに殴られ、いま思えばかわいそうなことをした。堅気の人は、絶対、ヤクザとかかわっちゃいけない」

吉冨は、社会のすぐ裏にある無法の仕組みと自分の甘さをいやというほど思い知らされたのである――。

日本の都会からぼっとん便所と汲み取り屋の姿が消えて久しい。遠い昭和の話である。巷に、三波春夫の歌う大阪万博のテーマソング「世界の国からこんにちは」が流れていたころだ。

♪こんにちは　こんにちは　世界の国から♪
♪一九七〇年のこんにちは♪

ヤクザとの剣呑《けんのん》な交渉ですっかり消耗しきっていた吉冨をよそに、妙に明るい空気が日本の社会に漂っていた。

「大学のほうはどうしたのさ?」

「う〜ん、それさ」

仕事が増え、多忙になるにつれ、当然大学からは遠ざかるようになっていた。

「ちょうど、刑法や民法の勉強にうんざりしてきたころでね。会社をつくって間もなく大学を中退し、会社業に専念することにしたんだ」

「ああ、もったいない」

吉冨は結局、弁護士の道は諦めてしまったのである。

「学業に励むことの意味を見出せなくなったんだ。なにしろ会社は儲かった」

大学中退の青二才でしかない吉冨の財布に、分不相応の万札がつまるようになった。

「思いもかけない金に有頂天になり、正常な判断を失ったんだな」

「その金は何に使ったの、貯金した?」

「それがね、血が騒ぎ始めたんだ」

「ん?　血が騒ぐ」

逃避としての競馬

金はどんどん入ってくるが、本当のところ、会社の仕事はつまらない。水道工事業には、若い吉冨の心を引き付ける要素は何もない。怖い思いもした。ただ、金のためだけにつづけている。むなしいのである。なにか別の、心をときめかせる刺激が必要だった。

そこまで聞けば、私にはピンときた。

「競馬だろう?」

「そう。小さいころ親父とよく行った春木競馬場を思い出した」

だが、春木競馬場は、大阪からはいかにも遠い。

吉冨は、兵庫県宝塚市の阪神競馬場や京都市淀の京都競馬場に足を運ぶようになった。懐は温かく、元手は十分にある。血が騒いだとは、そのことだった。父親譲りの博奕好きが顔を出したのだ。

なにしろ吉冨は思い切りのいい男なのである。博奕場(鉄火場)で大金をいともやすやすと賭けてしまうことを「鉄火の手ばなれ」という。吉冨がまさにそれだった。ここぞと思ったら、ドン!と大金をぶち込む。

吉富の馬券買いが素人の域をこえ、玄人も顔負けの金額を賭けるようになったのは、昭和四十五年の二月、阪神競馬場で五十万の元手を三百万円に増やしてからだ。三百万円といえば、当時のサラリーマンの平均年収をほぼ倍する額である。吉富はそのとき、

――馬券で生きていける。

と本気で思ったそうだ。

吉富の競馬場通いにいよいよ拍車がかかる。毎週土日は阪神か京都の競馬場、平日は園田と姫路の地方競馬、一レースに数十万単位をぶちこむ勝負をつづけたのである。

「よくそんな途方もない勝負ができたもんだ」

「言っても、わからないだろうけど、一種の逃避だな」

「逃避?」

馬券を買うことが、なぜ逃避になるのだろう?

「会社を始めた一番の理由は貧乏学生でいるのが嫌になったからだ」

「ふむ」

「貧苦の辛さは小さいころから身に沁みている」

「小さいころに苦しんだ世間からの逃避ということか?」

「儲かった金で派手に遊びまくった。酒も、女も、馬券も意のままだ。こうなると、もはや苦

学生でもなければ青年経営者でもない。ただの遊び人さ」

貧乏な暮らしから脱出しようという必死の思いが叶ったのはいい。意外だったのは、それでも社会に居心地の良さが感じられなかったことである。

競馬にはまった理由は、もうひとつある。

父親からの逃避だ。

「父親は左足が悪くてね、劣等感の塊りだった。小さいころ自分は優秀だったという自慢話をよくするんだが、俺はそれがたまらなく嫌でね。大人になった自分を見るようで、耐えられなかった」

このころから、吉冨は父親とまったく口を利かなくなった。

「精神的な父親殺しだな。競馬に勝つことで、負け続けだった父親を否定できる」

「そうかもしれない」

居心地の悪い社会と父親からの逃避。吉冨は狂ったように馬券を買いつづけた。

一九七〇年（昭和四十五）三月十四日、自分に儲けの種をまいてくれた大阪万博が始まった。だが吉冨は同年九月に閉幕するまで、一度も万博会場に足を向けなかった。足を向け続けた先はむろん競馬場である。

予想屋か国務大臣か？

吉冨の感じる社会の居心地の悪さはどこからくるのか。

「会社がいざ儲かってみると、こんなにやすやすと金を手にしていいのかという後ろめたさが出てきて、どこか気持ちが落ち着かなくなる。俺は作業員が汗して稼いだ金をあこぎにピンハネしている、という思いにおそわれるんだ」

「何を言ってるんだ。あんた、自分の意志で会社をつくって社長におさまったんじゃないのか」

「そうだ。自分で仕組んだことだ。でも一方で、そう思う自分もいるんだ」

吉冨は貧乏人の倅ゆえに、社会の矛盾には敏感だった。もともと正義感はある。それが時として変なふうに頭をもたげてくるのである。

「自分でも感じるんだが、どうにもやっかいな心性なんだね。いいカッコして言ってるんじゃないよ。本当なんだ。どこか心がねじまがっている」

ピンハネで得た不条理の金だからこそ、「貯金などしたら惨めだろう。競馬に注ぎ込め」と自分に言い聞かせる。そうしてゆれる心のバランスを取っている。

「すなわち、逃避だな」

吉冨はそう言った。

一九六〇年代後半から日本中の学園で、「ヘルメットにゲバ棒」の全共闘運動が吹き荒れた。

しかし吉冨は、内心で共感しながらも、無関心をよそおった。金の苦労がないお坊ちゃんたちの火遊びだと冷ややかに見ていたのである。

だから吉冨は、当時流行ったマルクス主義にかぶれていたわけではない。『資本論』なんか最初の一ページを読んだだけで放り出してしまった。なのに、資本主義は間違いだ、企業の利潤は搾取だという思いがどうしても抜けないのである。

現実の世の中は、いってみればすべてピンハネの仕組みで成り立っている。それが資本主義の基本的な構造である。ただし、ピンハネの度合いが過ぎれば世の指弾を受ける。ただそれだけの話である。しかし学生のころは、それがどうにも許せない社会の歪みと映る。

ずっと後年のことになるが、私がどうにか取材記者として仕事がこなせるようになったころ、経済学者の竹中平蔵をインタビューしたことがあった。彼が最初の小泉内閣の閣僚になる数日前のことだったと記憶している。そのとき、彼はこう言った。

「私の父は五十年間、小さな履物屋を営んできました。毎日毎日、店先に坐ってせっせと履物を作りつづけたんです。それはとても立派なことです。でも僕には、彼がどんなに懸命に仕事をしても、それにふさわしい報われ方をされたとはとても思えなかった。家の生活はいっこうに良くならない。世の中は、彼を正当に評価するシステムをもっていないと憤りをもったんです」

高校時代の竹中青年が抱いた素直な社会観である。「へ〜」と、しきりに感心したことを覚えている。竹中平蔵はその後政府の中枢にすわり、弱肉強食の米国流新自由主義の旗ふりをした人物である。とても同一人物とは思えない。

私は、吉富のひねくれた心性の根っこは、この若き竹中平蔵の思いと同じものだと思う。そうそう、思い出した。竹中は全共闘の学生たちを嫌っていた。竹中青年は東大をめざしていた。ところが全共闘の反乱で東大入試が中止に追い込まれたことがあった。ちょうどその年、彼は東大を受験しようとしていたのである。竹中青年は東大進学を断念し、やむをえず一橋大学に入った。貧しい家庭で浪人する経済的余裕がなかったからだという。彼の口ぶりから察するに、それは相当悔しい思い出として残っているようだった。

吉冨も同じく、全共闘の連中にいい感情は抱いていない。そして社会の不条理に怒りを抱いていた。二人はどこか似ている。だが、一方はやがて国を動かす国務大臣になり、一方は草競馬の予想屋となった——。

二人の差は何なのだろう。

思うにそれは、社会的な不運を背負った人々へのまなざしを、最後まで持続させたか、中途で断ち切ったかの違いではないだろうか。

「だんだん会社に行くのが、憂鬱になってきてね。その点、競馬で儲けた金は誰も犠牲にしていない、気持ちのいい金だ。馬券で生活ができるなら、会社なんて友人にあげてもいいと、思うようになったんだ」

たしかに競馬で当てた金に、人の流した汗の痕跡はない。搾取もしていない。

吉冨は徐々に会社経営に興味を失っていく。

昭和四八年京都金杯に散る

吉冨とほぼ同じころ、私も生まれて初めて競馬場に足を踏み入れた。大学一年だった。ある日下宿を出て、大学へは行かず、足を中山競馬場に向けた。どうして中山競馬場のことを知ったのか、もう覚えていないが、とにかく授業をさぼって競馬場に行った。当時、地下鉄東西線はまだ開通していない。たぶん総武線に乗ったのであろう。

競馬場の門をくぐり、スタンドの二階に上がって場内を見降ろした。広い！　学校の運動場とは比べようもない。目の覚めるような緑の芝コースが眼に飛び込んでくる。絵から抜け出てきたような美しいサラブレッドが六頭ほど、ゆっくりと芝の上を走っていた。レース前の足慣らしである。これを「返し馬」ということはあとで知った。馬の背にはカラフルな勝負服に身をつつんだ騎手が乗っている。

――きれいだ！

まるで、メルヘンの世界だと思った。身体に電流が走った。その童話のような遠景に、田舎者の私はすっかり心を奪われてしまった。

――こんな世界が、世の中にはあったんだ。

ここに何度かやって来れば、五月病も治せると真面目に考えた。ああ～、今にして思えば、なんという勘違い。これが、健全なスポーツ施設、たとえば野球場やラグビー場でなかったところに、私の人生の誤りがある。

あれから四十年以上経ったいまも、そのときの感動は消えずに残っている。しかし吉富は、競馬場でそんな甘い感傷には浸ることはなかったという。

吉富が会社を立ち上げて五年が経った。

一九七三（昭和四八）年の正月、吉富は手元にある金のすべて、二百万円を懐に京都競馬場に向かった。いや、「手元にある金」という言い方は正確ではない。「会社の金庫にあった金すべて」と言うべきだろう。世間ではこれを、「使い込み」あるいは「公金横領」という。

年明け最初の重賞レース「金杯」で勝負する。獲得目標は十倍の二千万円。勝ったら二百万を金庫に戻す。会社稼業からすっぱり足を洗い、当面は馬券生活に入る。二千万円はそのための備えである。

空は晴れていた。京都競馬場の最寄りの駅は、大阪の淀屋橋駅と京都の京阪三条駅を結ぶ京阪電車の淀駅である。競馬の開催日は通勤ラッシュ時のように混む。

競馬場へ向かう電車は、「欲望」を乗せている。「希望」と言ってもいいかもしれない。競馬場行きの車中で僥倖《ぎょうこう》を願って心弾まない者はいないだろう。

淀駅を降り立った吉冨の心境は鏡のように澄んでいた。覚悟が決まっていたのである。

そのころの京都競馬場は、東洋一の美しい競馬場といわれていた。内馬場には広大な池が穿《うが》たれ、白鳥が優雅な姿で遊泳している。

しかし、清潔で優雅な佇まいは内馬場だけのこと。駅から競馬場の間は、猥雑な臭いを醸し出す、昔ながらの通りがある。道筋にはさまざまな出店が並んで賑わい、酒と肴を出す。とくに旨そうなのは店先のコンロで焼く焼きイカや焼きとうもろこし、ヤキトリや串団子などである。大道香具師の口上がにぎやかに飛び交っている。まるで縁日のような光景だ。

その喧騒の中で、ひときわ目立つ白装束の予想屋がいた。路傍の地べたに敷物をしいて端然と坐っている。

よく見ると、女である。

頭を白頭巾で覆い、白の小袖に袴をはいている。手に持った筮竹《ぜいちく》を振り、まじない札のようなものをせわしなく動かす。もとは尼さんか、いや巫女さんか、それとも占い師か。いかにも霊験がありそうで、予想も神がかり的なのだろうか、と思わせる。白日の下、大道で執り行われる「霊媒降ろし」にも見える。

昭和の中ごろまで、これほど完璧な演出を凝らした淀の女予想屋は別格として、怪しげな予想屋はどの競馬場にも少なからずいて、競馬のイメージ悪化に大いに貢献していたのである。競馬をやらない付近の住民にとっては、ただ気味が悪いだけだったろう。

もちろん、大井競馬場の周りにもそうしたインチキ予想屋はいた。こちらも女である。巫女の装いをしているところまで淀の女予想屋と似ている。違うのは、頭にお皿を乗せていることと、濃いサングラスをかけていることだ。客にお皿の上でサイコロを転がさせて、出た目を当てるのである。驚くことに、それが百発百中なのである。客はその霊感に魂消《たまげ》て、女の予想紙を買うという寸法だ。種を明かせば、仲間がちょっと離れたところにいて、サイコロの出目をブロックサインで女予想屋に伝えるのである。サングラスをかけているのは目の動きを客に悟られないようにするためである。

インチキの手法はまだある。こちらは、ちょっと悪質である。インチキの「出目本」を売る連中だ。その手口はこうだ。

最終レースが終わると、その結果が出しだい、場内にいた詐欺仲間が自転車を猛スピードでこいで駅前の「出目本屋」のところに戻り、急いで全レース的中の「出目本」をガリ版で印刷するのである。全レースといっても、最終レースを除いて結果はもうわかっている。そこまでは先に印刷しておいて、自転車こぎがもってきた最終レースの結果だけを追加で印刷するのである。ガリ版刷りだから、最終レースの結果だけインクが乾いていない「出目本」ができあがる。

やがて、レースが終わって客がぞろぞろと立会川の駅前に戻ってくる。と、その全レース的中のインチキ「出目本」をかざして、詐欺師が「全レース的中！、全レース的中」と大声で宣伝する。

「朝の第一レースはなにで決まった？」

詐欺師が聞く。すると、客のひとりが、

「枠の7—8」

と答える、サクラである。

「じゃあ、7×8＝56で、56ページを開いてみろ」

もうひとりの客がおもむろに56ページを開いて、じっと見つめる。しばらくして、

「すごい、全レース当たってらあ」

これもサクラなのである。

　このやり取りを見ていたまわりの客はすっかり騙されて、そのインチキ「出目本」を買うのである。一冊一万円もする。

「なんで、7×8＝56なの?」と私。

「何の根拠もない。そこが面白い。そのサクラを使った掛け合いには続きがあってさ、じゃ、今度は昨日の出目を見てみようと言いながら、昨日の最終は2―4だったな、2×4＝8で8ページを見てみろと言って8ページを開けると、またまた昨日のレースが全部当たっている」

「ギャアー」と私は笑う。

「そんな見え見えのインチキに、いとも簡単に騙されてしまうんだなあ、これが」


　昭和の後期、中央競馬会のイメージアップキャンペーンのキャッチフレーズが「明るく楽しい中央競馬」から「楽しさは一家そろって中央競馬」と移っていくころから、こうした競馬場周辺のいかがわしくも〝懐かしい存在〟は徐々に駆逐されていくことになる。

（おばさん、いつもたいそうな身なりで）

　チラと眺めて、吉冨は通り過ぎた。このとき、まさか数年後、自分がその予想屋の仲間入りするとは、夢にも思わない吉冨であった。

吉富は競馬場の正門をくぐった。帰りはこの正門が凱旋門となるのか、それとも否か。

（いよいよ勝負だ）

二千万円を賭けた乾坤一擲《けんこんいってき》の勝負が始まった。

しかし、いざ馬券を買い始めると、どうもうまくいかない。目標が大き過ぎるせいか、微妙に勝負勘が狂う。勝負どころで大敗し、小額で遊ぶと当たったりした。結局メインレースまでに百五十万近くすっていた。残りは五十万円、もう、後がない。

そうして迎えた金杯、一番人気は「貴公子」と呼ばれたタイテエム。毎日杯を勝ち、このあと日経新春杯も勝つことになるユーモンドがこれに続く。ユーモンドの騎手は現在関西で活躍する福永祐一の父、名手福永洋一である。

吉富は一番人気のタイテエムもユーモンドもはずして穴を狙った。少なくとも二十倍はつく目に三十万円、五十倍の目に二十万円。残りの五十万円を全額つぎ込んだのである。どちらが当たっても目標の二千万円には届かないが、その配当金で最終レースに勝負を賭ける。

しかしレースは、福永洋一に御されたユーモンドが一着でゴール。吉富の馬券はかすりもしなかった。元手の二百万円があっけなく消えた。サラリーマンの年収がわずか五時間で消えたことになる。

頭が真っ白になり、ハズレ馬券を握ったままの右手が小刻みに震えて止まらない。吉富はふにゃふにゃと膝を折り、ゴール前の芝生の上に崩れ落ちた。寒さが気にならないほど体がほてり、しばらくそのまま横になっていた。

三十分後、その日最後のファンファーレが鳴り響き、最終レースが始まった。うつろな気分がふっとんで愕然としたのは、ゴールに飛び込んできた一着と二着の馬を電光掲示板で確認したときだった。皮肉にも昨夜の検討で吉冨が買おうと思っていた通りの着順で、もし金杯を見送り、この最終レースに五十万をつぎ込んでいれば、払い戻し金はほぼ二千万円になっていた。

思わず両手で頭を抱えこみ、また芝生の上にへたりこんだ。こんどこそ、立ち上がれそうにもない。腰に感覚がない。力という力がすっかり抜けてしまった。

十分後、頭を振りふり、心を奮い起こして立ち上がった。

雲間から太陽が一瞬顔をのぞかせ、弱弱しい冬の光を競馬場に投げかけた。が、またすぐ厚い雲の中に隠れ、ふたたび顔を出すことはなかった。急にあたりがうす暗くなる。静寂に覆われた競馬場はもう人影もまばらである。体のほてりはとうに冷めていた。

吉冨は文無しになった。意地悪な風が冷たく吹き付けてくるなかを、とぼとぼ淀駅に向かった。帰りの京阪電車は朝と違い、失望と落胆に満ちていて、車内には声もない。競馬場から帰る客の九割は負けている。

第4章　出奔（奈落の街で）

逃亡の日々

吉富は泥沼にはまり込んでいた。我を見失ってズルズルと馬券勝負の深みに落ち込んだままだ。勝ちさえすれば、自分の正気を取り戻せると考えていた。自分には博才があると過信している。じき、取り返せると。

次章で詳述するが、ギャンブル狂に共通する気性は病的に楽天的であることだ。いくら負けても、なに、すぐ取り返せると高をくくっている。だから、なんとかして賭けのタネ銭をつくろうとあがく。

吉富は、前に書いたように、少し前から会社の金に手を付けるようになっていた。金庫に現金がなくなると、懇意な取引先に話をつけ、融通手形を振り出させて現金に換える。なにしろ吉富は代表取締役社長だ。当然、代表印が自由になる。副社長の友人に隠れて勝手に手形をつくった。

吉富が最初に融手を降り出した相手は、水道工事の資材を扱う「岡本」という会社の社長だった。吉富にH水道を紹介した男である。後に岡本社長は倒産して大阪から逃亡する。

「最初に切った手形が一五〇万の現金に化けたときはビックリしたね。お金ってこんなに簡単にできるんだって」

融手は恐ろしい。一度その誘惑に負けた者はほとんど自滅する。確かな確率で破産地獄が待ち受けている。

一五〇万がなくなると、次は二〇〇万。手形の額面は次第にエスカレートしていった。吉富はその金を全部馬券にぶち込んでいたのだ。ときには大勝ちすることもあって、決済期限の六十日内にはなんとか手形を落としつづけられたのである。金杯につぎ込んだ金も同じ手で工面し、何とか乗り切った。

破局は初夏の訪れとともにやってきた。

日本ダービーの前の週だった。とうとう友人の副社長関村が吉富の手形振出しに気付き、血相を変えて即座の全額決済を求めてきたのである。当たり前だ。このとき、吉富が振り出した未決済の融通手形は、総額千五百万円に達していた。ダービーで金をつくるから待ってくれと頼む吉富に、関村はほとほと呆れ、肩をすくめて事務所を出ていった。

「女を巻き添えにするな、和美さんとは別れろ」

それが、関村の最後の言葉だった。

「和美さんというのは、トミの最初の奥さんだね」

「高校時代から付き合っていた女で、大阪に出てすぐ呼び寄せたんだ。ずっと生活を共にしてきた。男の子もできた」

「やることは滅茶苦茶だけど、愛する家族がいたんだね」

「実際には弱い人間でね、いつも心の支えが必要だった」

競馬に何百万円も注ぎ込むような男が「弱い」男なのかどうか、素直にうなずけないが、まあ、いいだろう。


吉冨は、まさに背水の陣、このダービーにすべてを賭けていた。

一九七三年五月二十七日、第四十回日本ダービー。一番人気は国民的ヒーローとなっていたハイセイコーである。吉冨は、最後の融通手形でつくった百五十万全額を、ハイセイコーとホウシュウエイトの連勝複式馬券一点に賭けた。

しかし、黒鹿毛の雄大な馬格を誇った英雄は、ゴール前二百メートルの地点で伏兵イチフジイサミに交わされ、ゴール前でそのイチフジイサミを後方から一気に追い込んだタケホープが差しきって優勝、ハイセイコーは三着に沈んだ。全国のハイセイコーファンが悲鳴を上げたゴールの瞬間、吉富の破滅と逃亡も決まったのである。

翌日、吉富は事務所にも寄らず、キャバレーで馴染となった女を連れて朝一番の上りの新幹線に乗った。

妻の和美には「東京に行く」とだけ告げた。仕事を探すという口実である。むろん、キャバレーの女のことは内緒である。

東京は初めての街だった。池袋のビジネスホテルに転がり込み、部屋と職を探し回る日々。池袋、大塚、駒込、巣鴨と山手線の内回りに沿って駅前の不動産屋に飛び込み、いろいろ物色した。

最後に選んだのが中野区の鷺宮界隈だった。いろいろ見たなかで、ここが一番いい。町全体がゴチャゴチャしていて、身を隠すのに悪くなさそうだ。西武新宿線の鷺ノ宮駅から歩いて十五分ぐらいの、小さなアパートやら古ぼけた民家が密集する路地の一角、そこが二人の隠れ家となった。

何しろ手持ちの金が少ない。日払いの仕事を求めて新宿の「吉野」というすき焼き割烹のアルバイトを見つけた。客の見ている前で大きな肉の塊りをスライサーで切る仕事だ。白い清潔な制服を着て、見習いコックのようなふりをして肉を、薄く薄く切っていく。

オーナーはハンサムなオカマちゃんで、いつも明るく面白い男だった。そのせいかどうかわからないが、アルバイトは役者の卵など、芸能界志望の男が少なくなかった。

「客の一人に、ピーターとして売り出し中の池畑慎之介がいた。ピーターは故郷の浜寺中学校の後輩だったんだ。そのときは女優の誰かと一緒だったなあ。ピーターとなにか話したんだが、内容は忘れてしまった」

面白い店ではあったが、しかし、長く続けていても先の見通しがまるで立たない。肉をいくら薄くスライスしても、褒めてくれるのはオカマのオーナーだけである。

次に勤めたのは、ミカンの物流を取り扱う倉庫。ミカンは等級ごとに仕分けされて段ボール箱に詰められる。この箱がやたらと重いのである。それを担いでトラックに乗せる仕事だ。つらい。体中の骨と筋肉がきしむほどの重労働だった。

いずれのバイトも大した稼ぎにはならず、同棲中の女性が働いてどうにか食っていけるような状態が続く。

「まさか、競馬はやらなかったろうね？」

「いや、それが……」

「あ〜あ」

女から金をもらって馬券を買う。貧すれば鈍するを地でいく吉冨だった。

半年も経ったころ、大阪から妻の和美が長男の高志をおんぶして東京にやって来た。迎えに来たというのである。和美のお腹には第二子が宿っているという。

「隆安さん、債務はほとんど父が整理してくれはったわ。もうなんも言わへん。お願いだから、一緒に大阪に帰ろ」

和美が涙ながらに言うのである。


「まるで、新劇の芝居だな」

「うむ。同棲している女がいるから、アパートでは会えない。どこかの喫茶店で会ったと思うな」

「ははは」

事ここに至っては帰らざるをえない。同棲していた女とも別れ、大阪に戻ることにした。吉冨の東京潜伏は一年足らずで終わった。

「ところで、その同棲していた女性とはひと悶着なかったの？」

「彼女も、俺との生活にくたびれ果てていたんだろうね。なにしろ俺の馬券狂いは直っていないんだから。このままでは将来がないと思ったのか、意外と穏やかな別れだった」

「穏やか、ね」

二度目の起業

吉冨は、九州は鹿児島県の生まれである。父親の都合で生後間もなく関西に移住してきた。だから鹿児島の記憶はまったくなく、生粋の関西人である。後ろめたく情けない帰阪ではあったが、それでも故郷に帰れるのは理屈抜きに嬉しい。

大阪に戻って吉冨が新たに始めた商売は、北堀江にあるリスロンという会社の床洗剤（ワックス）の訪問販売である。今度の商売のネタは「床洗剤」。前の商売が「水道工事屋」、よくよく水に縁がある男だ。

地道に市場まわりをやっていると、ある日、朗報がとびこんできた。サラヤという洗剤大手が何か画期的な洗剤を販売するというのだ。

「シャボーX」という名のその商品は、洗浄効果だけでなく、殺菌効果もあるという。ふつう、洗浄と殺菌は逆の作用である。その両方の機能を併せ持つというのだ。吉冨はピンときた。「これは、売れる。これから間違いなく有望な商品になる」。市場まわりをしていたからこそのひらめきである。市場の食品関係者は殺菌をどうするかでいつも頭を悩ませていたのだ。

さっそく扱ってみると、思ったとおり、サラヤの「シャボーX」はよく売れた。問屋から仕入れていたのでは間に合わなくなり、じきにサラヤから直接仕入れるようになった。

東住吉にサラヤの本社があり、その向かい側の喫茶店で営業所長と仕入れの相談をする。ある日、保健所との交渉や市場関係者への売り込み方など、吉冨がいつものように大風呂敷を広げていると、前の席にいた男がニコニコしながら、吉冨に声をかけてきた。

「君の話は、なかなか面白いね。ちょっと話に加わっていいかい?」

「あ、社長!」

営業所長が驚いて立ち上がる。

声をかけてきた男は、なんとサラヤの社長だったのである。日ごろ、その喫茶店をよく利用していたらしい。

社長との話は思いがけない方向に進んだ。吉冨を見込みのありそうな青年と見たのか、資金を融通しよう、なんだったら本社屋の中に吉冨の事務所を構えてもいい、とまで言ってくれたのである。吉冨はもともと弁舌の立つ男だったし、水道屋稼業でそこそこ迫力も身につけていた。細面のさわやかな面貌も手伝って、サラヤの社長はすっかり騙されてしまったらしい。

吉冨の会社はその名も「コレヨシ」と商号変更し、堂々、資本金百万円の株式会社として再出発した。一等地のビジネス街である京町堀の同盟通信ビルに事務所を構え、浜寺中学時代の友人の妹に事務と電話番を頼んだ。

ちなみにコレヨシとは、「コレ＝洗剤」が「ヨシ（良し）」という意味と「吉富」の「吉」から取ったもの。サラヤの社長が命名者だ。おまけに十万円を出資してくれたのである。よくよく吉富が気に入ったらしい。

「事務所開きのお祝いにサラヤの社長が来てくれて、感激したなぁ」

吉富は着想がいい。商品の売り先を、市の衛生組合や市場内の食品業者に絞ったのである。なかでも、豆腐屋組合が大のお得意さんになった。

豆腐屋は大豆の汁を布でろ過する。このろ過布を煮沸消毒することが法で義務付けられている。

「豆腐屋にとっては、このろ過布を消毒するのが厄介だったんだ。なかにはズルして煮沸消毒しないでやっているところもあった。その点、サラヤのシャボーXを使えば洗浄と消毒が一度にできるわけだから煮沸はいらない。大助かりだ。飛ぶように売れていった」

シャボーXの一斗缶の仕入れ値は四千円、これが一万円で売れるのだから、大儲けだ。「それに、たいがいの店は一年分をまとめて買ってくれるから、たまらない」

コレヨシの事業は瞬く間に軌道に乗り、吉富の財布はふたたび万札で潤うようになったのである。なんとも事業運の強い男である――。

二度目の不渡り

ところで、吉冨は競馬からすっかり足を洗ったのだろうか。

むろん、そんなことはないのである。ただ和美や和美の実家の手前、一年ほどはひたすら仕事に励み、競馬のけの字も口に出さなかった。が、それにも限界がある。やがて馬の顔がチラチラし、ファンファーレの音が耳に蘇ってくる。ひづめの音も重なって心をゆさぶる。

新会社を発足させて一年と少し、懐があたたかくなった吉冨はまたまた競馬場に足を向けることになった。数年前のときと同じく、大金をつぎ込んでは勝ったり負けたりを繰り返す。元の木阿弥だ。

吉冨にとっては、しょせん実業も虚業、洗剤売って儲けて、それがなんぼのもんじゃ……なぜかむなしい。生活がまともにもどると、途端に心に隙間風が吹いてくる。自分でもそうした捻じ曲がった気持ちをどうすることもできない。

「あのまま、地道に事業を続けていたら、けっこう大きな会社になっていたかもしれない」

吉冨の回想であるが、そうはならなかった。それもこれも、競馬の虫のせいである。

自分の体に巣くう博奕の虫がいつ宿ったのか。自分でもはっきりしないが、死なないかぎり、その虫が消えることはないように思う。吉冨は自分の裡にひそむやっかいな虫の存在に、ひそかに怯えの感情を抱くようになった。その怯えを振り払うには、逆に競馬場で打って、打って、打ちまくるしかなかったのだ。

今日は阪神、明日は園田、翌開催日には京都や姫路に足を伸ばす。カラスの泣かない日はあっても吉冨が競馬場に姿を見せない日はない。


「それって、単なるギャンブル中毒ってことじゃないの。あなた、いろいろ理屈を並べるけど、リクツと膏薬はどこにでもつく、というよ」

「実は、負けた金を取り戻したいというのは、馬券買いを再開した理由のすべてじゃないんだな。それに、商売がむなしいというのも、そんなに大きい理由じゃない。いちばんの理由は」

「いちばんの理由は？」

「馬券勝負に負ける自分が認められない。負けたら、俺の存在価値はなくなるってこと」

吉冨がおどけて見せた。だが、目は笑っていない。

（本音なのかもしれない）

私は思った。吉冨の体内に巣くう競馬の虫は太る一方だった。

どんな商売もいつかは踊り場にさしかかる。設立二年目の四月に入ると売上げも鈍化してきた。一方、馬券の成績もパッとしない。ときたま大勝ちすることはあっても、通算すれば大きなマイナスで、またもや会社の金を持ち出す破目になった。そうなれば会社も、売上げ減と吉冨の資金流用でたちまち資金繰りに窮するようになる。

気がつけば、いつか来た道を再びたどっていたのである。

ついには大恩あるサラヤに振り出した手形の決済にも困ることになった。手形の額面は一千万円、仕入れ代金である。

悪いことは重なる。

吉冨がまたもや競馬場通いを始めたことを知った和美の両親が激怒し、和美に、もうあの男のことは諦めて帰って来いとしきりに離縁をうながしていた。

和美自身も、二人目の男の子が生まれたことで、吉冨に対して以前のような寛容さは見せなくなっている。二人の子供の将来を考えると、気持ちはしだいに離婚に傾いていく。高校生のときから抱いていた吉冨への愛情と信頼はもはや消えかかっていた。

——あの人の博奕癖は死ぬまで直らない。

和美のそんな気持ちの変化に吉冨は気付かない。切羽詰った挙句、あろうことか和美の実家に決済資金の借用を申し込んだのである。

吉冨の申し出を聞いて心底あきれた和美の父親は、しかし顔には出さず、考えてみようと気を持たせるような返事をして吉冨を帰す。

吉冨が一安心した様子で玄関を出て行くと、和美の父親はすぐさま和美を電話口に呼び出して怒鳴った。

「とにかく、すぐ家に戻ってこい」

吉冨は和美の実家に復讐された。

もちろん融資などしてくれるわけもなく、手形は不渡りに。サラヤと取引を始めてまだ二年にもなっていない。吉冨を呼び出したサラヤの社長の怒りが凄まじかった。

「帳簿はどうした？　持って来いと言っただろう！」

「はあ、それが」

吉冨はロクに帳簿をつけていなかった。

「それでも、お前は人間か！」

吉冨に向けて直径二十センチもあろうかという硬いカゴを投げつける。

「不渡りなどもらえば会社の信用にかかわる。お前の手形は銀行から買い戻す」

怒声を浴びせて、吉冨との縁を切る。

株式会社「コレヨシ」はあえなく倒産となった。

しかしサラヤの社長は最後に温情を見せた。吉冨を柏原にある自社工場に住まわせ、働かせた。少しでも借財を弁済できるよう計らったのである。

けれど、吉冨はサラヤの社長の温情も裏切った。再び逃げるように大阪を後にするのである。

「今度は、世間に知られた企業を引っ掛けてしまった。もう、二度と表社会に出られないと覚悟したよ」

和美への背信と不義理、和美の実家への不義理、サラヤの社長への不義理、不義理の三重奏だ。どうにも、いたたまれなかったのだ。

行く先は、東京しかない。

「百貨店や公共施設のトイレに行くとサラヤの消毒器シャボネットが置いてある。それを見ると、サラヤの社長には本当に済まないことをしたと、今でもたまらない気持におそわれる」

吉冨が言った。

バー・モナコ

二度目の東京では、まずサウナに一カ月ほど逗留した。家を借りる金もないほどの落魄《らくはく》の身となったのである。弱り目に祟り目とはよく言ったもので、落ち目の吉冨をぞっとさせる事件が起きた。

このサウナでオカマの洗礼を受けたのである。夜寝ていると、誰かが吉冨の尻をそうっとさすってくる。ビックリして飛び起きるとしんと静まり返っている。誰かが息をひそめて吉冨の反応をうかがっているのに違いないのだが、どこにいるかはわからない。室内には寝息だけが流れている。恐怖で冷や汗が流れた。動悸が鎮まると、思った。

（凄いところに来たなあ。俺はそこまで落ちぶれたのか）

暗澹《あんたん》たる思いが胸をよぎり、人生の深淵を覗いたような気分になった。

前に来たときは、すき焼き割烹や倉庫の荷役でなんとか糊口をしのいだが、それも同居の女が働いてくれたからこそできたことだった。今度はちがう。同伴者も、支援してくれる者もいない。まったくの孤立無縁である。

しばらくして、オカマのいる気味悪いサウナから離れることができた。池袋に格段に安いマンションが見つかったからである。当時、礼敷金で五カ月分とられるところ、なんと一カ月分でいいという。

しかしうまい話には裏がある。そのマンションの一階は銭湯になっていた。これも願ってもないことである。部屋にはバスがなかったから。ところが、吉富の借りた二階の部屋がものすごく熱いのである。銭湯の熱がもろに伝わってくるのだ。

「夏なんか、もう地獄だった」

「銭湯地獄だな」

ゆでダコ状態になりながら、なんとかここも早く脱出したいと思い、必死になって職を探していたところ、運がめぐってくる。

ある朝、新聞の求人欄に、思わず目を瞠るほど日給のいい求人広告を見つけたのである。「池袋東口　バー・モナコ」とある。

職種は書いていない。従業員募集とあるだけだ。吉富は金に窮している。「日払い」とあるのも魅力的だった。

さっそく電話をかけ、池袋へ面接に出かけた。

そのバーは、東口駅前のすぐ近く、雑居ビルの地下一階にあった。見たところ何の変哲もない、ふつうのバーである。吉富は、

「お世話になります」と、待っていたオーナーの西澤に頭を下げた。西澤はニコニコしている。

面談が始まり、西澤の質問に適当に答えていたが、何をやるのかが気になる。

「従業員とありましたが、どんな仕事ですか？」

すると、西澤が言った。

「募集は従業員だけど、話を聞いているうちに考えが変わった。あなたには店長をやってもらいたい。なかなか根性がありそうだ」

「店長ですか！」

吉冨は驚く。

「実際の仕事を説明しておくよ」

調子があらたまった。

（ほら、来たか……日給がよすぎる。何かあるとは思っていたが）

吉冨は、少し身構える。

西澤は、吉冨に「店長」兼「モメ屋」をやってほしいと言った。

「モメ屋？」

吉冨がふつうの店だと思ったのは、甘かった。西澤の話を聞いているうちに、その店が、「おにいさん、三千円ポッキリだよ」と客を誘い込んで、五万円くらいの法外な勘定を請求する、いわゆるボッタクリバーであることがわかってきた。

当然そういう店は客とのトラブルが絶えない。客とのモメごとをまとめる人間を「モメ屋」というのだそうだ。早い話が、客を脅しすかしして金を払わせる役目である。ヒョロリとして押し出しこそないが、くそ度胸と弁舌の巧みさが吉冨の身上だ。ヤクザとのトラブルも経験している。酔客が相手なら、自分にもやれそうでもある。

（だけどなあ……）

ここは、大都会の東京である。それも一般人からは「魔窟」と囁かれ、まともな男女なら恐れて近づかない池袋東口の飲み屋街だ。どんな客が来るか知れたものではない。大いに不安だった。

あらためて店の造りを眺め回し、西澤の角張った顔を見る。顔は笑っているが、目は笑っていない。なんとなく不気味だ。

（ヤバイかな？）

だが次に、吉富の口から出た言葉は、そんな思いとは裏腹な、「わかりました。いまさら、厭だとは言えませんからね」だった。

半ばヤケクソである。

「とにかく、客に有り金を全部吐き出させて、足りない分は請求書を出す。それだけだよ」

「請求書？」

「おお、そうだ。うちは立派な有限会社だ」

西澤が胸を張る。

「うちは、ほら、ヤクザのフロント企業というのがあるが、早い話がそれに近い。もっとも俺はヤクザじゃないよ」

とんでもないことになった。やはり、うまい話には裏がある。

「あの、……」

吉富が言いかけるのを制して、「話の締めにそれとなく匂わせるだけでいい。たいていの客はおとなしく金を払って帰っていく」と西澤が笑った。

半分予想しないことでもなかったが、こうまではっきり言われると、吉富も何も言い返せない。

（それにしても、暴力団のフロント企業とはなぁ〜）

吉富は、なるようになれと観念した。あまりに悪どかったら、やめればいいだけだ。

「一度は弁護士を志した男が、暴力バーの店長かあ」

私が言った。

つい六年ほど前、青雲の志を抱いて大学の門をくぐった男が、今や逃亡者となって池袋の薄暗い地下に沈もうとしている。早すぎやしないか、この転落。

「引き返す選択肢はなかったのかな?」

「自分は手形をすべて不渡りにして大阪から逃げてきた身だ。まともな仕事につけば、大阪の債権者や取立ての暴力団に探し出される恐れがあった。当面、都会の隅っこに潜んでひっそりと暮らすほかはなく、バーの従業員なら、誂え向きだ。上等じゃないか。考え直して肚をくくったよ。流れに身をまかせるしかなかった」

「それにしても、やくざのフロント企業と聞かされて、おそれをなさなかったの？」

「そりゃあ、ビビッたさ。でもね、こっちもヤクザの取立てに追われてる立場だろ、万が一探し当てられたとき、守ってもらえると、ずるいことも考えたんだ」

「なるほど。ヤクザにはヤクザを、ってわけか」

市井《しせい》の普通人も、ほんのわずかなボタンのかけ違いでやすやすと裏社会に入っていく──目の前の吉冨がまさにそうだった。

モメ屋稼業

夜の八時、吉冨はモナコに入った。初出勤である。ホステスが二人、青白い顔をした痩せぎすのバーテンが一人、手にタンバリンを持った男が一人いる。

「お世話になります」

「よろしくね、京子です」

「よろしくね、奈々よ」

ホステスの二人が笑顔を見せて挨拶した。

奥のスペースは暗く、区切られたボックス席になっている。ボックス席の仕切りが高く両隣りや前後の席が見えないようになっている。個室づくりといっていい。怪しげなサービスがあることが容易に見て取れた。

有線放送から、青江三奈の『池袋の夜』が流れていた。

♪どうせ気まぐれ東京の夜の池袋♪

これから吉富は、閉店の午前二時まで、入り口際の狭い部屋で、酔わない程度にビールを飲みながら時をつぶさなければならない。トラブルがなければすこぶる退屈な仕事だった。西澤が店に顔を出すのは、モメごとが多発する時間帯、いつも十一時ごろだという。

その夜は、客が少なかった。閉店間際にやって来た西澤は約束通り日払いの日当を払ってくれたが、吉富は明日以降のことが心配になる。客が入る店なのか。

西澤の話では、客の大半は、週刊誌『アサヒ芸能』に出した小さな広告を見てやってくるという。掲載料金は二十万円。ボッタクリバーにとってもけっして安くはない料金だ。当時の週刊誌はこうした風俗業の広告で潤っていたのだろう。

「『アサヒ芸能』を持って来れば、割引してあげるのさ」

「なぁるほど〜」

吉冨が勤めるようになってしばらくすると、西澤はほとんど店に顔を出さなくなった。吉冨の仕事ぶりに安心したらしい。「見込んだ通りだ。客あしらいがうまい」と。

それですっかり信用したのかというと、ある夜、そうでないことがわかった。

若い、学生のような客が勘定となってゴネ始めた。高すぎるという決まりきったセリフだ。ふつう、勘定に対する文句は、まずホステスに向かうものだ。ところがその若者は、小部屋にいる吉冨のところにやって来て「なんで、こんなに高いんですか?」と聞いてきたのである。どうも、おかしい。

「あんた、誰かに頼まれて、文句をつけに来たの」

「いや、そんなことないですよ。ヘンな言いがかりをつけないでよ」

「身分証明書を見せてもらおうか」

吉冨の強い態度に若者は一瞬たじろぐ。

「出さなきゃいけないんですか」

若者がしぶしぶ出したのは学生証だった。

「なんだ、学生さんか」

「あのう、その学生証、どうなるんですか?」

「本当のことを言ってくれるまで預かることになるかもしれないなあ」

「そ、そんなぁ――」

「誰から、頼まれたんだ、言いなさい！」

吉冨のドスの利いた声。

「あんた、学校に知られたら困るだろう」

若者の顔に脅えが走る。

「あんたが話すまで、この店から出さないよ」

吉冨がたたみかける。若者が半べそになり、ついに白状した。

「わざと勘定にイチャモンつけて、あなたが勘定書きを書き替えるかどうか、安くした勘定書きを破いたりしないか、オレが払ったカネをあなたが自分のポケットに入れないか、見張ってこいと言われたんです」

「君を雇ったのは誰だ？」

「西澤さんという方です」

（西澤が！）

若者は、西澤が放ったアルバイトのオトリだった。吉冨はかろうじてオトリ捜査に引っ掛からなかったのである。吉冨は内心の動揺を隠して学生に言った。

「そうか、君は心配しなくていい。だけど、こんなバイトはもう二度とやらないほうがいい。

わかったかい。西澤さんには何も言うな」

吉富は、すっかりゲロしてしまった半泣きの若者に口止めし、解放した。若者の伝票には「学生にして集金に及ばず」と書いた。

実際、吉富がその気になれば、勘定はいくらでもごまかせる。客から七万円とって、店には五万円しか入れない。西澤は吉富がピンハネしていないかどうか、アルバイトに探らせていたのである。

吉富にとってはショックだ。信頼していた西澤が自分に対してスパイを放ったのだ。放免してやったあの学生が西澤にどう報告するかはわからない。

翌日やって来た西澤は何事もなかったかのようにニコニコしていた。

「このときばかりは人間が信じられなくなった」

吉富は西澤を追及しなかった。シラを切りとおすに決まっている。

「水道屋をやっていたときヤクザが出てきたのにはビビッたが、西澤の陰湿なやり口にはほんとに嫌になった。しょせん、この世界で生きている連中はそんなものなのかと、心が萎えたね」

人間は汚い。自分のふしだらを棚に上げて、そう思う吉富であった。

店は変わらず繁盛している。

客にしても、さすがに誘い文句の「三千円ポッキリ」を信じて入る者はほとんどいない。多少のアシが出るのは覚悟している。しかしそれでも、勘定が五万だ七万だということになると、客も黙っちゃいない。均《なら》すと客の半分ぐらいとモメることになった。吉冨はたちまちモメ屋としての力量をいかんなく発揮するようになる。

「それで、モメ屋としては、どうやって客を納得させるわけ？」

「七万ぐらいの勘定になると、伝票が三枚ぐらいになる。それを客に見せる。うち二枚は女の子が飲み食いしたもの」

吉冨は、客に伝票を見せながら、

「ねえ、お客さん、これは女の子がご馳走になった分だ。彼女たちはこれで生活してるんだから、これをおまけするわけにはいかない。ね、わかるだろう。あの子たちだって生きるのに必死なんだ。わかるでしょ。だけどさ、こっちの店の分は大幅におまけするよ」

とかなんとか言って、七万の勘定書きをビリッと破り、四万円ほどに書き直した新しい勘定書を見せる。

「客も、七万円が四万円になると、なんか得したような気になって、しぶしぶ勘定を払う」

「ははは～」

「モメ屋というのは、人間の心理を読む仕事なんだ。ここまでは押していい、けれどこれ以上押し込んだら客がブチ切れる。そのぎりぎりの判断がむずかしい。客としょっちゅうモメていたら、モメ屋失格だ。客とモメないことがモメ屋の神髄なんだ」

「勘定に文句をつける客を、いかに上手に説得できるか」

「所轄の警察にしょっちゅう呼び出されるようじゃ、モメ屋失格だ。いかにして客が警察に駆け込まないようにするかが、モメ屋の腕なんだね」

「トミも呼び出されたことがあるの？」

「一、二度ある。池袋署の生活課にね。警察は適当な勘定で和解しろというだけだ。その料金が高いか安いか、判定などできないからね。警察はこっちに対しても厳しいが、客に対しても好意的ではないんだ。双方に瑕疵《かし》があるということだね」

警察としても、わずらわしいだけ。その場で適当な金額で納得しろというしかないのである。

「こちらの言い分を、納得はしないまでも、仕方ないと思わせる。相手の心の葛藤を、数字で決着させる。こちらも捨て身にならないとやれない仕事だね」

「捨て身の商売……ね」


吉冨はモメ屋の仕事に精を出す。仕事のコツがわかり、平気で客から金をふんだくる自分に、いったい俺はどういう性格をしているのかと自分がわからなくなった。一度は法曹家をめざした正義感はどこへいってしまったのか。

　俺が悪いんじゃない。こんなバーにスケベ心で入ってくる客のほうが悪い。これに懲りて二度と怪しい場所には近づかないように説教してやろう。有り金をむしり取られ、吉冨の顔を憎悪の目で睨んで帰る若い客に、吉冨は必ずこう声をかけた。

「お兄さん、これも社会というやつだ。世の中には悪意があるということを忘れなさんな」

　またこんな泣き落としもする。

「お客さん、オレだって好きでこんなことをやってんじゃないんだ。使われている身だから、しょうがなくてやってるんだ。わかってくれよ」

　それを聞いて、ホステスの京子と奈々がけらけらと笑った。

「よく言うわよ、トミさん。あなたも、変われば、変わるものね」

「あなた、ほんとの悪党になっちゃったの」

　女二人が口々に言った。


　暮れになって、哀れなカモが次々に来店する。店は繁盛し、タンバリンの音がにぎやかに鳴り響き、モメ屋・吉冨の説経が冴え渡った。

　町には、堺正章の歌う『街の灯り』が流れていた。

暮れの名物レース、雨の中山競馬場で行われた第十八回有馬記念、一番人気のハイセイコーはまたしても三着に敗れた。優勝したのはブービー人気のストロングエイト、単勝の配当が四二〇〇円という大波乱となった。

こうして一九七三年（昭和四八）という波乱の年が終わった。

バーテンは放火魔

優秀なモメ屋となった吉冨。だが吉冨に、このままモメ屋をつづける意思はない。絶えず、こんなことといつまでもやっていられないという思いが強くある。だが、辞める機会がなかなかやってこない。

ところが年明け二月の底冷えする日、なんとモナコが火災で半焼してしまったのである。軽い統合失調症を患うバーテンの山本が、何をとち狂ったか、深夜に自分の勤める店に火をつけたのだ。乾ききった店内で、火は瞬く間に燃え盛る。

吉冨と山本はその日、近くの飲み屋で飲み過ごし、最終電車に降り遅れて店に泊り込んでいた。吉冨は日ごろから山本を可愛がっていたのである。

酔いも手伝って、すっかり寝込んでしまった吉冨は危うく焼死するところだった。

「店長、起きて！」

眠りこけていた吉冨を起こしてくれたのが、なんとその放火した張本人の山本だった。

「寝ぼけまなこで起きたら、まわりがものすごい火じゃない。ほんとにびっくりした。後にも先にもあんなに驚いたことはないな」

「水をかけろ！」

目を覚ました吉冨があわてて、山本に言った。

「今でもはっきり憶えているんだが、このときなぜか、山本は動こうとしなかった」

燃え盛る炎のなかを二人はかろうじて階段を駆け上がり、外へ脱出する。山本は、青ざめた顔で「ごめん」とひと言いうと、街のなかへ姿を消した。

吉冨は裸足で隣りの中華屋に駆け込み、消防署に通報した。

驚きが去ってやや気持ちが落ち着いたところで、オーナーの西澤に報告の電話を掛けた。すると西澤は、あまり驚いたふうもなく「火をつけたのは、山本だよ」とすぐ言ったのである。

「ええっ！」

そのときまで、吉冨はまるで山本を疑っていなかった。

（いったい、どうなってんだ？）

駆けつけた消防車やパトカー、野次馬でごった返すなかを、吉冨はとぼとぼ家路につく。頭の中で西澤の言った言葉がいつまでも響いていた。「火をつけたのは山本だ」。

翌日の警察の事情聴取で、吉富は山本のことを喋らなかった。

そのとき、きっぱり決断した。（潮時だな、モメ屋をやめよう）

「驚いた幕切れだろ。小説よりも奇なり」

「まったく」

「モメ屋みたいなアコギなことをやってきたことへの天罰だと思ったよ」

苦く笑う吉富だった。

「そのバーテンさんだけど、なんで放火なんかしたの？」

「病気だね。火を見ると興奮するんだ。そのあとも、二、三件、近くで放火騒ぎがあって、犯人は捕まらなかったけど、たぶん山本の仕業だと思う。放火魔だな」

「愉快犯か、病気だな。なんか切ないね」

「しばらくして西澤に聞いたんだ。なんで山本とすぐわかったんですかってね。そしたら『あいつの目だよ。狂気の目だ』と言ったんだ。さすがに、こんな危ない仕事をやっている男だ。人を見る目があるとヘンに感心してしまった」

こうして、吉富のモメ屋家業はあっけなく終焉を迎えたのである。

第5章　進学塾「東大アカデミー」

進学塾のススメ

モナコが火事で営業できなくなり、吉富はモメ屋を失職した。考えてみれば、日陰の逃亡者にとってはモメ屋もまんざら悪い仕事ではなかった。羽振りも、まあまあよかった。

けれど、あの放火事件の夜、モメ屋から足を洗うときっぱり決めた吉富だった。

（さて、どうするか……）

あてはない。

救いの手を差しのべたのは、あの西澤だった。

火事騒ぎが一段落したある日、「吉富クン、学習塾をやってみないか」と西澤が言う。

「いま、なんと言いました？」

吉富は聞き違いだと思った。学習塾？

「塾だよ、塾」

西澤はバー経営のかたわら、表の正業として進学塾を持っているのだという。

ボッタクリバーと進学塾！

「おかしいか」

「おかしさにかけては俺も人後に落ちないですが、西澤さん、あなた、いったい、何者なんです？」

西澤は実業家を自称するが、とてもふつうの実業家とは思えない。

「いいか、吉冨クン。儲かるビジネスってぇのはね、人の飢餓感や強迫観念につけこむ商売なんだ。わかる？」

飢餓感と強迫観念に訴えるビジネス。

「ボッタクリバーのほうは、言うまでもなく性の飢餓感。すけべな男どもの喉がひりつくような欲望が相手だ。進学塾は、子供をなにがなんでも良い学校に上げなきゃという親の強迫観念。こっちも、よくよく考えりゃ、子供を出世させて老後を楽したいという手前勝手な親の欲だな」

（なるほど）

「二つの商売はまったく異質のようで、その実、基本のコンセプトは共通しているんだ」

「コンセプト？　ですか」

「飢餓感に訴えるビジネスということさ。そして大事なことは、人がなかなか手を出せない職種であることだ。誰でもやれるんだったら、すぐ競争が激しくなって潰し合うからね」

「ふ〜ん、なるほど。ボッタクリバーも塾も、並みの人にはできない商売だ」

「だろう、だから俺のやり方はスジが通ってるんだ」

西澤が胸を張る。

しかし、と吉冨は疑う。スパイを放つようなセコイ西澤が、おいしいビジネスをただで渡すはずがない。

「ところで、その塾は儲かってるんですか？」

「いやあ、それがさあ」

西澤は、なかなか理屈どおりにいかないと、苦く笑った。

西澤の塾は大塚にあるらしい。立地は申し分ないのに生徒が思ったほど集まらず、収支は万年赤字、近々手放そうと考えていたところらしい。

（そんなことだと思った）

「どうだい、やってみないか。中退とはいえ法科の学生だった君だ、塾だってやれるだろう」

吉冨にやる気があるならその塾を譲ると、西澤が言った。

「わかってるでしょうが、私に、そんな金、ありませんよ」

西澤は、のれん代、つまり塾の営業権の支払いは分割でいいという。

そこまで言ってくれるなら、否も応もない。どうせ行くところがないんだから、やるしかない。

「やらせていただきます」

人の運命は不思議なものだ、と吉富はつくづく思う。これで三度目の社長就任ということになる。馬券狂いで身を持ち崩した男が、三度目の代表取締役社長。自分でも、笑うしかない。

暴力バーの店長から、進学塾の経営者兼講師へ。吉富の境遇は一変する。ずいぶん派手な出世魚である。

漫談授業

西澤の塾は大塚のマンションの一室にあった。その名も「東大アカデミー」。壮大な名前とは異なり、河合塾や代々木ゼミナールとは似ても似つかぬ零細な塾だ。栄光ゼミナールを小さくしたような個人指導の塾だった。講師は常勤アルバイトの東大の学生と大学院の院生の二人だけである。いってみれば、寺子屋に毛の生えた程度の代物だ。それでも、東京で初めて持った自分の城である。嬉しくないわけがない。文句を言ったら罰が当たる。

吉富に、その塾が流行らないわけが、なんとなく見えてきた。教える側からも、学ぶ側からも、進学塾にあるべき熱意と真剣さが伝わってこないのである。

それは大きな問題に思えたが、まずやるべきことは塾の経営改善である。会社を二度もつぶしていたが、自分に経営の才がないと吉冨は思っていない。競馬にさえ手を出さなければ、会社は二つともきちんとやっていけていたはずだ。

（まずは、塾生を増やすことだ）

吉冨はみずから駅前に出て、案内のチラシを配ったり、電話帳に広告も出した。近くの小学校の生徒名簿を手に入れ、手作りのＤＭを送りつけた。地域密着のマーケティングである。

問題は授業の中身である。どの進学塾も、使う教材は似たりよったり。そこでの差別化はむずかしい。

さて、どうするか……。と考えていたところ、ある日の授業で、生徒たちにいまひとつ元気がないことに気付いた。みんな、働き疲れた大人みたいにくたびれた顔をしている。塾に来てみて、最初に気付いた沈滞ムードだ。

――よし、ちょっと生徒を笑わせみるか。

「ちょっと、みんな集まれ。いいか、みんなはなぜ、算数を学ぶんだ？」

吉冨自身は算数を教えることにしていたのである。

生徒たちはキョトンとしている。受験科目だからに決まっているだろう。そんな顔つきである。

「いいか、みんな。僕の教える算数は受験に役立っても、実社会では屁の役にも立たない」

どっと笑いがくる。

「実社会で用なしの学問が、どうして入試の科目になるのか！」

生徒たちが首をひねる。言われてみれば、たしかにそうだ。「屁の役にも立たない」は言い過ぎにしても。

「それは学校の数学教師の職がなくなるからだ」

また、どっと笑いがくる。

「学校なんてそんな程度なのだよ。学校に過大な期待を抱いてはいけないよ」

生徒は互いに顔を見合わせて苦笑いする。内心ではそう思っているのだ。

「最高学府の大学もおんなじだ」

生徒は静まり返る。

「しかし、みんなは親孝行である。親を安心させたい、そう思っているんだろう。それはいいことだ。僕も死んだ親父が大好きだった。親父はとてもすばらしいことを僕に教えてくれた」

生徒たちが少し真顔になっている。

「先生、それって何ですか？」

「うん。それはね――」

吉富は一呼吸おいて、言う。

「競馬」

「ぎゃあ～」

教室が大きな笑い声に包まれる。

塾が笑い声で充満するのは褒められたことではないのかもしれないが、大成功だ。吉冨の狙いどおりに教室全体が明るい雰囲気に一変したのである。

笑いが収まるころを見計らって、

「したがって、心やさしい諸君らは、親の期待に応えようとこの塾にやってきた。おかげで僕はメシが食える」

これが生徒にバカ受けした。気を良くした吉冨は、授業の前につとめて漫談を喋ることにした。そのうち、あの塾の算数の授業はおもしろいと口コミで伝わり、入塾してくる生徒がしだいに増えていった。

吉冨は子供の親とのコミュニケーションも大事にした。毎日、二人の講師に生徒の様子を細かに観察させてカードに記入させ、それを一カ月分まとめたものを封筒に入れて親宛に郵送するのである。

「今日、A君の授業中の様子が少し変でした。ずっと沈んだ顔をしているのです。お家で何かありましたか?」とか、「だいぶ、やる気が出てきたようで、飲みこみも早くなりました。お母さんからもほめてあげてください」、あるいは「今日はまったくやる気ナシ！」などとストレートに書いてやるのである。

「これが親に受けてね、評判になった。こんなに子供のこと考えてくれる塾もめずらしい。安心して預けられますなどと涙ぐむ親もいたくらいだ」

ニキビ盛んな可愛らしい生徒たちと顔を突き合わせる日々。そのうち、受験目的だけでなく、落ちこぼれの子供たちもやって来るようになったのである。

ついこの前まで、暗くよどんだ地下の部屋で、酔っ払いを相手に脅しの啖呵をきっていた吉富の、それが新しい職場であった。天と地ほどにもちがう。

半年後、吉富は「東大アカデミー」の再生に確信をもった。

「あまりに順調なので、もう二カ所ぐらい、山手線の駅前に教室を増やそうかなんて真剣に考えたくらいだ」

「進学塾で、それも難度の高い算数を教えていたとは、たいしたもんじゃない」

私が感心して言う。

「いや、実際には事前に読み込んでおいて教材を解説するだけだからさ、そんなむずかしいことではないんだ」

「いやいや、算数の講師なんて、世の中でもっとも頭のいいやつしかやれない職業のひとつだと思うけどな」

「そんなことないって」

そんなこと、あるのである。私は知っている。私も失業時代、塾の講師でもやろうかと思い都内の塾の採用試験を受けたことがあった。情けないことに、出された数学の問題がむずかしく半分もできなかった。試験の途中で諦め、さっさと帰ってきた。


予想通り翌年（一九七五年）の春、塾は定員一杯の生徒を迎えて新しい学期が始まった。吉富の漫談授業はいよいよ絶好調、舌が気持ちよくすべって生徒たちを大いに笑わせたのである。吉富自身が授業を楽しんでいた。

唯一の気がかりは、大阪の和美と二人の息子のこと。だが、離婚が成立した今では音信の取りようがない。

はぐれ鳥のように、漂流する吉富。別れた家族とも、そして実家とも、まったく連絡を取らなくなっていた。

ハワイで挙式

塾の経営が軌道にのったころ、吉富は大阪からある女性を呼び寄せた。吉富は常に身辺に女がいないと落ち着かない男なのである。その女は、コレヨシで事務として働いていた洋子である。前妻、和美との関係が気まずくなったころから、吉富とは男女の仲になっていた。洋子の兄は吉富の中学校の同期である。

洋子は、前妻の和美とちがって、どこか驕慢さをひめた気位の高い女だった。実家は大阪の高級住宅地、帝塚山にあり、父親は一部上場企業の社長である。

洋子はいわゆるお嬢様だ。世間のこともあまり知らない。後の事になるが、吉富が始めた予想屋という職業についてもまったく知識がなかった。そんな商売が世の中にあることを知らなかったらしい。

洋子は吉富が塾を始めたと聞いて、喜び勇んで東京へやってきた。

塾の経営とお嬢様育ちの美しい妻。吉富の波乱の人生の中でも、もっとも幸福な一時期が始まった。

ある日、吉富が洋子に聞いたことがあった。

「おまえ、どうして俺のところにやってきたんだ？　呼び寄せたのは俺だけど、ことわることもできたはずだ」

「あーら、あなたが好きだったからに決まってるじゃない」

「ほんまかいな」

「ウソよ」

洋子が笑う。

「恋人の会社が倒産したなんて、世間体が悪いじゃない」

「世間体か」

吉冨がつぶやくと、「冗談よ」と、一応否定した。

否定したけれど、それは案外本音だったのではないか。

洋子の実家はいわゆるエリート一家で、父も兄も一流国立大学を出て、兄は政府系金融機関に勤めるエリートバンカーである。吉冨が育った貧困層とは違う世界の住人だった。生き方の考え方も、まるでちがう。

吉冨の学友だった洋子の兄は、当然のことではあるが、二度目の倒産を引き起こした吉冨を激しくなじって、同情のかけらも見せなかった。あれ以来、まったく没交渉になっている。

しかしいまや、吉冨は進学塾の経営者兼講師である。ネオン街の片隅で人に言えないような仕事に就いていたのはもう過去のことだ。

洋子から見ても、今の世間的な地位は一〇〇パーセント満足ではないけれど、まあ悪くない。

これから収入もどんどん増えるだろう。洋子はとりあえず満ち足りて、実家にもそう報告した。

すると、さっそく、洋子の母から吉冨に電話があった。

「親戚の手前、大阪で式を挙げさせてやるわけにはいかないの」

身分違いのはぐれ鳥のような男と結婚するなんて、みっともないというわけである。あんたは会社を二つ潰した〝凶状持ち〟だろうと暗に言っている。

「ハワイで式を挙げて、写真を送ってくれない。それを親戚に配るから」

吉冨は、すぐ受話器を置いた。

これほどあからさまに侮蔑されたのは、さすがに初めてである。

だが、吉冨は洋子を愛している。心の支えだ。苦労をかけている自覚もある。だが、どこかで自分を見下す洋子への反発もある。

夏が近づくと、洋子はしきりに新婚旅行に行こうとせっつくようになった。

傍目にはチャランポランな人生を送ってきた吉冨だが、さすがに、債権者の手前、そんな派手なことはできないと洋子をいさめた。だが、聞くものではない。

七月半ば、二人はハワイのチャペルで結婚式を挙げた。荘厳なパイプオルガンの曲が流れるなかで牧師の声を復唱するとき、吉冨はとうとう神まで偽ったと思った。

――いずれキリストにも、不渡りを出すかもしれない……。

禁断症状

枯葉の秋の訪れとともに、吉富の様子がなにやらおかしい。

あの悪魔の囁きがはじまったのだ。

「おい、なんか忘れていやしないか、そうだよ、競馬だよ、競馬」

しきりに吉富をそそのかすのである。その囁きは執拗だった。三度も、同じ轍は踏むものかと内なる悪魔を必死に押し込めようとする吉富を、「無駄なこった、お前はしょせん競馬から抜けられないさ」と悪魔がせせら笑う。

怖れていた禁断症状だ。気がつくと、いつの間にか競馬のことを考えている。

「ダメだ、ダメだ。オレはやらないぞ!」

と心の中で叫ぶ。

自分には、生活に支障ない範囲でほどよく遊ぶという自制が効かない。いったん始めれば歯止めが効かなくなることをよく自覚している。秋が深まり、日増しに悪魔の声が優勢になるなかで吉富は追い詰められていった。

講義中でも悪魔は容赦なく追いかけてくる。ひとりぶつぶつ呟く吉富を生徒たちが気味悪がって見る。

人はなぜ賭博常習者になるのか? なぜ俺はまじめに働き続けられないのか? と考え込ん

で眠れなくなる。なんとか寝床にもぐっても、夜中に目を覚ます。汗をびっしょりかき、時として、手が震える。そのまま、朝までまんじりともしないこともめずらしくない。慢性的な睡眠不足に陥った。吉冨は目がくぼみ、頬がこけて、さわやかな弁舌も影をひそめた。

そうして十一月半ば、決定的な事件が起きる。

気にかけていた女子生徒が家庭の事情から自殺を図ったのだ。模擬試験で最悪の点をとり、テスト会社から志望校変更の勧告を受けたことが引き金になった。発作的に風呂場で手首を切ったのだ。一命はとりとめたものの、事件の衝撃が禁断症状に苦しむ吉冨をさらに追い詰める。

――博奕の禁断症状に悩む男に、教鞭を取る資格があるのか。あの子の自殺未遂は、熱の入らない授業を続けた俺のせいじゃないのか。

自分を責め続けたのである。

「塾をやめよう、本気でそう考えた」

信頼していた講師のひとりに相談した。その講師は吉冨の急な話に驚いて、塾長は疲れている、しばらく講義を休んで静養してはどうかと、吉冨の短慮をいさめた。

「ギャンブルの禁断症状って、そんなに凄まじいものなの？　精神病院入り一歩手前まで行ったんだ」

「精神病院？」

「そういうことじゃないの？」

吉富は、初めて気付いたという顔をした。

「俺は麻薬をやったことがないから、その禁断症状の苦しさはわからんけど、とにかく自分の強烈な欲求を抑圧してるわけだからさ、どうにもならないんだね。気持ちがさっぱり落ち着かないんだ。仕事なんか手につかない。で、その欲望を抑えきれないでいる自分にまた絶望する」

「二度も競馬で失敗しているのに、なぜやめられないんだと」

「何の教訓にも、戒めにもならなかった。そこのブレーキが壊れている」

「そうなると、やっぱり血の騒ぎじゃないの。血統だよ、いくらあなたが否定しようと」

「親父譲りのＤＮＡということか」

「血統が血統なうえに、幼児期の調教がまたすさまじかった。なにせ、競馬場がゆりかごだったんだから」

「ふーむ」

吉富が唸った。

吉富の幼児期のゆりかごが春木競馬場だったことは先に述べたとおりである。

ギャンブルと「家族負因」

はたして、ギャンブル嗜癖《しへき》は遺伝するのだろうか。幼いころに親と一緒に競馬場に行っていた子は大人になると競馬に手を染めやすいのだろうか。

確たる根拠もないのに吉冨に向かってそう断言してしまった手前、後付けになるが調べてみることにした。

そうしたら、実にいい本が見つかった。作家で精神科医の帚木蓬生が書いた『やめられない――ギャンブル地獄からの生還』（集英社）という本である。

現役の精神科医である帚木は、ギャンブル依存症の恐ろしさ、その破滅的な病理について、実に熱心に社会へ警鐘を鳴らし、かつその根本治療についての提言を続けている。

帚木は同書を著す前に、自分のクリニックを受診した病的なギャンブラー一〇〇人（男性九二人・女性八人）の調査を行った。その結果、世間の常識を根底から覆すような意外な事実が明らかになった。

実は私も、身を滅ぼすような悪性ギャンブルの代表格は、自身も手を出している競馬や競輪、ボートやオートレースといった公営ギャンブルだと思い込んでいた。ほとんどの人がそうした見方をしているのではないか。でも、違ったのである。帚木の調査の結果、一〇〇人の病的ギャンブラーがおぼれていたギャンブルの内訳は次のとおりだった。

パチンコのみ17人（4人）
スロットのみ22人（2人）
パチンコとスロット43人（2人）　＊（　）内は女性

なんと一〇〇人のうち、八二人がパチンコとスロットによるギャンブル地獄に嵌《は》まっていたのである。私はこれを見て、実はホッとした。競馬や競輪に対する世間の過剰に冷たい視線に、かねがね腹を立てていたからである。ギャンブル狂の大半は競馬ではなく、パチンコ・スロット狂だという事実はもっと世間に知られてよい。

気になるのは、残りの一八人は、どんなギャンブルに溺れていたのかということだ。賭けマージャン、サイコロ賭博、花札賭博など、一八人それぞれに違っているが、パチンコ・スロットがらみでない病的ギャンブラーは、わずか四人しかいなかったのである。

正直なところ、パチンコ・スロットがこれほど社会を蝕んでいるとの認識はなかった。これは、由々しき問題だ。実に深刻な事態だと思う。だが、本書はそこを啓蒙しようとして書いているのではない。その逆で、競馬礼賛の書なのだから、これ以上の深入りはやめておこう。へタすると藪蛇になる。

そこで、競馬好きが遺伝するのか、小さいころの環境にも起因するのかというテーマに戻る。

帚木はその説明のために、聞きなれない「家族負因」という言葉を用いている。

「家族負因」とは、たとえば糖尿病や高血圧などは遺伝性の疾患であると一般に認識されている。両親や近親にこうした疾患を持つ人が多くいると、自分も将来罹るのではないかと心配になる。こうした病気の家族内集積を「家族負因」と呼ぶのだそうだ。

帚木の一〇〇人調査で「家族負因」を調べたところ、次の結果が出た。

一、親・同胞（同じ父母から生まれた兄弟姉妹）にうつ病がいる者、11人
一、父親・同胞に病的ギャンブラーがいる者、8人
一、父親に病的ギャンブリングとアルコール依存症を併せ持っている者、3人
一、父親にアルコール依存症がいる者、3人

家族負因に多いのが、うつ病、アルコール依存症、病的ギャンブル依存症であることがわかる。ムムッ、やはりギャンブル好きは、遺伝的なものなのか？

帚木は続けてこうも指摘している。外国の事例だ。

「欧米の報告によると、これら三疾患の家族負因の率はもっと高くなり、第一親等に限った調査でも、病的ギャンブリングで九パーセント、アルコール依存症で三十一パーセント、うつ病で十九パーセントとなっています。また別の調査では、病的ギャンブリングとアルコール乱用・依存がともに五十数パーセントの高率となっています」

第一親等ということは、すなわち父か母ということだから、その家族負因が五十パーセントを超えるということは、――なんだか恐ろしいことになってきた。

この一〇〇人調査で帚木は、「あなたの両親はギャンブルをしますか？」と単刀直入な質問もしている。その結果は、

「する」と答えた者が、97人中（＊3人はなぜか回答しなかった）、36人。

この36人の中で、

「両親ともにする」と答えた者が6人、「父親がする」と答えた者が24人、「母親がする」と答えた者が5人という内訳になっていた。

帚木は、一般的な家庭の基礎データがないので何とも言えないが、「標準的な家庭よりも多いのではないでしょうか」と語っている。

いずれにしろ、一〇〇人の病的ギャンブラーの約三十五パーセントが「親がギャンブルをする」と答えているのは、重大な事実である。あなたのギャンブル癖が子供にうつる確率は約三

五パーセント、と読み替えることもできるのだ。

〝親の素行が子に移り、因果は巡る小車の――〟。

ここまで読まれて急に心配になった人の参考までに、アメリカのギャンブル依存症の自己診断表を次に掲げておく。この十項目のうち五項目以上に該当すると、ギャンブル依存症と診断される。

ちなみに私は、たった（？）二項目しか該当しなかった。ひと安心である。

吉冨の父親が名にしおうギャンブル狂であり、幼少時の吉冨を頻繁に競馬場や競輪場に連れ出していたことが、今の吉冨の生き方に何も影響していないと見るのは不自然である。本人がいくら、「いや、親父は関係ない。オレの自己責任だ」と言い張ったとしても。

この「家族負因」については、私にもちょっとした出来事があった。

今から二十年ほど前、父親の葬儀の席でのことである。

私の父親はまじめ一方の男で、パチンコすらやったことがない人だった。もちろん競馬なんて論外だ。競馬場に連れて行ってもらったことなど一度もない。おふくろも同じ、賭け事にはまったく縁のない家系だった。それなのに、私がどうしてこんなに競馬にのめり込むようになったのか、自分でも不思議に思うことがあった。

葬儀のあとで、身内だけで父親の思い出話になった。そのとき父親の一番上の姉、私の伯母が私に向かってなにげなくこう言った。

「お前の親父、良一はクソがつくほどマジメで堅い男だったけど、母親がとんでもない博奕好きな女でねえ」

聞いて、私はのけぞった。伯母の言う「母」というのは父親の母、すなわち私の祖母のことである。

「亭主を早くになくして、さびしかったんだろうねえ。夜の食事を済ませると、赤ん坊の良一を背中におんぶして、いそいそ賭場へ出かけるんだよ。花札だか、丁半博奕だか知らないけどさ。あたりじゃ有名な話で、私らはずいぶん肩身の狭い思いをしたもんだ」

伯母がつづけた。

これは、ちょっとしたショックだった。

(俺は祖母の博奕好きを、隔世遺伝で引き継いだのではないか)

そう思ったからだ。

それまで、誰にも聞かされなかったことだった。祖母は私が生まれる前に他界していて、私は顔も知らない。

戦前、昭和の初めごろのことである。未亡人の賭場通いなんて、当時ならアンモラルもいいところ。しかも、東北の小さな村だ。ラスベガスの話ではないのである。崖《がけ》にへばりつくように建てられた鄙《ひな》びた温泉宿の一室、薄暗い裸電球の下で、血走る目の男たちに交じる紅一点の祖母、花札を握る手が白い――想像すると、頭がくらくらしてくる。もちろん、祖母がそう大きな賭けをしていたとは思えない。僅かな小銭くらいのことだったろうけど。

それ以来、私は実家の墓参りをするたびに、墓石に刻まれた祖母の戒名を、いわく言い難い思いで眺めるようになった。

それにしても、「家族負因」、おそるべし……。

土壇場の居直り

吉富は自分に訊ねる。どうしたら、心の平安を取り戻せるのか。悪魔との綱引きに終止符を打つにはどうすればいいのか。

実は、深く考えなくても、吉富には自明のことである。選択肢は、死ぬか、競馬に復帰するか、その二つしかない。それ以外、何もない。むろん、吉富に死ぬ覚悟などない。であれば、かたちはどうあれ競馬に復帰するしかないではないか。

己を無理に抑圧せず、自然体でいこう。それしかない。

ギャンブル依存自己診断表

1	賭博にとらわれている（例：過去の賭博を生き生きと再体験すること、ハンディをつけることまたは次の賭けの計画を立てること、または賭博をするための金銭を得る方法を考えることにとらわれている）。
2	興奮を得たいがために、掛け金の額を増やして賭博をしたい欲求がある。
3	賭博をするのを抑える、減らす、やめるなどの努力を繰り返し、成功しなかったことがある。
4	賭博をするのを減らしたり、またはやめたりすると落ち着かなくなる、またはいらだつ。
5	問題から逃避する手段として、または不快な気分（例：罪悪感、不安、抑うつ）を解消する手段として賭博をする。
6	賭博で金をすった後、別の日にそれを取り戻しに帰ってくることが多い（失った金を“深追いする”）。
7	賭博へののめり込みを隠すために、家族、治療者、またはそれ以外の人に嘘をつく。
8	賭博の資金を得るために、偽造、詐欺、窃盗、横領などの非合法的行為に手を染めたことがある。
9	賭博のために、重要な人間関係、仕事、教育、または職業上の機会を危険にさらし、または失ったことがある。
10	賭博によって引き起こされた絶望的な経済状態を免れるために、他人に金を出してくれるよう頼る。

（『精神障害の診断と統計マニュアル第4版修正用（DSM-IV-TR）』より）

（塾を続けるかどうかは、そのあとでじっくり考えよう）

問題の先送りだ。

また、ある思い付きが、この決断を後押しした。悪魔とのせめぎあいに勝ったのか、負けたのか、自分でも判然としないものの、吉冨には、それはすばらしいひらめきに思えた。天からの啓示だ。

それは、馬券を、「科学的研究の対象」にすることである。

得手とする数学の能力でレースを数値的に分析できないか。その結果、レースの勝ち馬をより高い確率で絞り込めないか。これまで誰も考えていない方法でレースを分析し、精度の高い勝ち馬予想につなげられないか。

そう考えただけで、胸がわくわくしてきたのである。

今でこそ、膨大なレースデータの蓄積と多角的な分析でレース結果を解析するコンピュータ予想の手法がいくつも開発されているが、当時、そんなデジタル手法は編み出されていない。予想専門紙の大半は、厩舎関係者の聞き込み情報と、せいぜい調教時計が載っている程度だった。吉冨の発想が時代を先取りしていたことは間違いない。ちなみに、競馬予想に「馬の能力の指数化」という発想を取り入れたのは吉冨が日本で最初である。実際に指数をつくりあげ予想紙に発表したのも、吉冨をもって嚆矢《こうし》とする。

予想の科学的なアプローチに挑戦する——これは、コペルニクス的な発想の転換だ。そう思うと、ハワイから帰ってきてこのかた、ずうっと続いていた、柄にもない懊悩にやっとケリをつけたような気がして、気分がスーッと楽になった。

吉冨は土壇場での居直りに成功したのである。

あの女子生徒には、自分を生かせる好きな道を探しなさいと言ってやろう。きっとわかってくれる。もともと、聡明な子なのだから。

教え子の自殺未遂をきっかけに、いや踏み台にして、吉冨の人生がまた狂おうとしている。もはや、誰もそれを止められない。

同種療法の効き目

吉冨の取った破れかぶれにも見える療法、「毒をもって毒を制する」戦法は、意外なことに、医学的にも説明できないことはないのである。

近年、医学界で静かなブームを呼んでいる「ホメオパシー」という治療法がある。どんな治療法なのか。日本ホリスティック医学協会名誉会長の帯津良一医学博士がこう説明する。

「ホメオパシーとは、二百年ほどの歴史をもつ、西洋に生まれながら西洋医学とは別の体系を持つ古くて新しい医学です。日本では『同種療法』とか『類似療法』とか訳されていますが、どちらにしても、きわめて馴染のない医学です。欧米での西洋医学の日常医療の中への浸透ぶりと比較すると、この落差は不思議としか言いようがありません」

帯津博士はこう前置きしたうえで、ホメオパシー医学の特徴を簡潔に説明する。

一、似たものが似たものを治す。

二、薬剤を徹底的に希釈して用いる。

一の「似たものが似たものを治す」とはどういうことだろうか。

「たとえば吐き気のある人を治すのに、催吐剤である吐根を用いたり、涙と鼻水に悩む人にはタマネギを用います。どういうことかというと、このような症状というものは、抑え込まれたその人の生命力が回復しようとしている現れであるから、これを押さえるような対症療法を用いるのではなく、反対に、健康な人に用いると同じような症状を惹き起こす物質を探して、これを用いて生命力の解放を助けようとするのです」

吐き気を治すのに、吐き気を催す物質を与える。キツネに頰をつままれたような感じだが、「同種療法」が静かに広がっているのも事実なのである。

吉富の場合は、「似たもの」ではなく、もっと過激に「まったく同じもの」である競馬を治療のクスリにしただけである。それが、効いた。吉富はまさに同種療法によって、「生命力の解放」に向けて歩み始めたのである。

二の「薬剤を徹底的に希釈して用いる」。これはどういうことか。

お恥ずかしいが、専門的に過ぎて私には説明不可だ。したがって、ここでは割愛する。要は「希釈するほど、霊のエネルギーが高まって治療効果がある」という原理らしい。興味のある方には、同博士の著書『ホリスティック医学入門―ガン治療に残された無限の可能性』（角川oneテーマ21）をお勧めする。

ギャンブル依存症に関わる帚木蓬生の「一〇〇人調査」の結果を吉富に話したのは、つい最近のことだ。話ついでに「ギャンブル依存症の自己診断」もしてもらった。結果は五項目が該当していた。

「立派なギャンブル依存症だね」と私がからかった。

すると、吉富が憤然として言った。

「ギャンブル依存者と薬物中毒患者を同列で論じるのは間違っている。口にして体内に異常を生じさせる生理的要因のものと、ギャンブル中毒は本質的に違っている。ギャンブル依存者をはなから、病人、患者であるという前提に立つのは失礼だと思うよ」

吉冨は患者扱いすることがそもそも間違っていると言うのである。

「たとえば株に投資している人を指して中毒というだろうか、言わないね。だけど競馬にのめり込んでいる人は中毒、ギャンブル中毒だという。これは競馬への社会的な偏見じゃないのか。株券も馬券も同じ。あくまで金儲けのための手段であるということだ。立派な投資だよ。どこが、中毒なものか」

吉冨は本気で憤慨している。

「もう、そういうふうに考えること自体、病気、中毒だっていうんだよ」

「ははは、そうか。でも、俺は納得しないよ」

「もしギャンブル依存が病気でないとしたら、困るのは本人自身だし、その家族や周りの人たちだ。病気だからこそ、治る。再生できるんだよ。恥を話すが、ぼくは身内にパチンコ破産した者が二人いる。一人は男で、一人は女だ。二人とも幸せな家庭を持っていた。結果はいずれも家庭崩壊だ。それは悲惨なものだった。救いは病気と認識して、二人とも再起の道を歩み出したことだ」

「そうか、それなら、これ以上は言わない」

吉冨は口をつぐんだ。

私はこう思う。吉冨はギャンブル中毒を逆手にとって生きる糧にした男だ。ギャンブルを生きる肥やしにしたのだ。気力と知力で精神の自壊作用を免れた男だ。これは並の人間にはできない芸当である。ヘタに真似をしたら大怪我をする。ゆめゆめ、追随してはならない。

「馬券はあくまで手段なんだ。投資の一形態にすぎない。もし斎藤ちゃんが本当にそう思うなら、なぜ競馬をやっているんだ？　論理矛盾だろう」

議論は最後まで嚙《か》み合わなかった。

吉冨がこれまで馬券研究に費やした労力と時間の集積を思えば理解できないことはないのだが……。

話がだいぶ横道に逸れてしまった。吉冨の日常にもどろう。

コペルニクス的発想の転換を成しとげたあと、吉冨が考え抜いて選んだ戦場は陽の当たる中央競馬ではなく、まだまだ賭博臭を色濃く残す公営競馬であった。

なぜ、公営競馬だったのか。

短期に、しかも集中的にレース予想を研究し、成果を得るためには、土日しか開催されない中央競馬より開催日の多い公営競馬のほうが都合がよい。それに予想の重要なファクターである馬場が、ダートと呼ばれる砂のコースだけというのもいい。芝生とダートの二種のコースで行なわれる中央競馬より、条件設定がシンプルで、予想の的中率が高くなる。

吉冨は直ちに予想の研究にとりかかる。競馬の予想専門紙を毎日三紙、研究材料として買い込み、机上の予想に没頭する。まだ馬券は買わない。競馬場にも行かない。ひたすら予想研究にはげみ、翌日のスポーツ紙でレース結果を確認し、自分の予想の成績をつける。

そんな日々を送っていたある日、例の悪魔の囁きが嘘のように消え、不眠症も解消して禁断症状に苦しむこともない自分に気付いた。吉冨は禁断症状を脱したのである。

三カ月後、吉冨は画期的な予想術のてがかりらしきものを摑んだと思った。予想の的中度がグンと跳ね上がったのである。それを、机上ではなく、実践で試してみたくなった。そう思うと、矢も楯もたまらない。

「それでとうとう、立会川の涙橋を渡ることになるんだね。馬券じゃない、予想の科学的アプローチだと、自分を納得させて」

「そうなんだ。橋を渡ろうとして、ふと手前の立看板を見たら、涙橋の由来が書いてあった」

「例の江戸時代の鈴が森刑場の話だ」

「うん、裸馬に乗せられた罪人が通った橋だと書いてあった。いい気はしない」

江戸時代、涙橋を渡ることは、すなわち処刑されることを意味した。二度とこの世に戻れない。

「世の中をうまく生きていけない奴が　最後に渡るのがあの橋だ。自分に納得いかない、死に物狂いで生きてるのにどうにもならない。そんな連中が涙橋を行ったり来たりしている」

「競馬をやるために」

「競馬をやれば自由になれる。それは金を儲けるためだけじゃないんだ。これで生きていける、世の中に勝ったという手ごたえを掴みたいんだ。世の中から相手にされない奴らがそんな切なさを抱えて渡るのが、あの涙橋なのさ」

「江戸時代と変わっていない……」

吉富もついに涙橋を渡った。

「大井競馬場が近づいたら、なぜか、足がすくんだ」

「どうして?」

「二度、競馬で失敗している。三度やったら、それこそ生きてはいられない。恐くなった」

「でも、馬券買いではなく、今度は研究なんでしょう」

鈴が森刑場跡と大井競馬場に通じる「涙橋」

「そうなんだけど、心のどこかで、自分を信じられない」

「また、馬券に手を出すと」

「それも、こんどこそ破滅的なかたちで……」

吉冨の震えを伴ったこの予感。当たるのだろうか、それとも……。

第6章　掟破りの予想屋

競馬場の達人たち

一九七六年の年が明け、風に梅の香りがまじる季節になった。涙橋から約五分、吉富は大井競馬場の正門前に着いた。

入場口の前に予想紙を売るおばさんたちがいる。いちばん年寄りのおばさんから予想紙を買う。スタンドの建物を抜け、ゴール前に出た。競馬場の左手奥には遠く東京湾が見渡せる。この見晴らしはなかなかいい。

上空を羽田を離発着する飛行機が飛び、正面をモノレールが走る。いかにも都会の競馬場という気がする。そういえば、兵庫の園田競馬場でも、近くの伊丹飛行場から飛び立つ飛行機が見えた。でもこの二つの競馬場は、規模も異なるが、どこか雰囲気がちがう。園田は猥雑さやひなびた情緒らしきものが濃厚に感じられたけれど、ここ大井にはそんな情緒はかけらもない。

スタンド前のコンクリート席に腰をおろすと、ちょうどファンファーレが鳴ってゲートが開いた。向う正面左奥のスタート地点からいっせいに馬が飛び出す。やがて向う正面に砂塵が舞い、馬が疾駆する。

これだ！　この光景。この雰囲気。子供のころ通った春木競馬場の思い出がよみがえった。涙が出るほど懐かしい。

「懐かしい」という感情は、人に癒しと快感をもたらす。

後年、私が『路上観察学会』という仕事でご一緒することになる建築史家、藤森照信氏がこう言っている。

「古い建物や町並みを見て懐かしいと思う感情は人間だけのものである。犬や猫に、懐かしいという感情はない」

「懐かしい」と思えることは、人が人であることの証でもあるのだ。

吉富にとって、何がいちばん、懐かしさの要因だったのか。

「砂」のコース。これに尽きる。

公営競馬場の決定的な特徴は、どの競馬場もサンド（砂）コースであることだ。中央競馬のように綺麗に刈りこまれた芝生のコースではなく、パサパサに乾いた砂のコースだ。競馬場全体が砂の器のように見える。巨大な砂の器の中で、馬と人間が蟻のように群れて、小さな博奕に興じている。それが公営競馬の姿だ。

吉富の目の前で馬たちがゴールを駆け抜けていった。

吉冨は足を返してスタンドにもどった。いつまでも感傷に浸っていられない。

スタンドの中を、腹巻にぎっしりお札を詰め込んだ両替商のおばさんが闊歩している。今の若い競馬ファンには信じられないかもしれないが、昔の競馬場には、払い戻し窓口のほかに、当たり馬券を現金に換えてくれる両替商がいたのである。初めて大井競馬場に足を踏み入れたとき、私は両替商のおばさんたちを見て、「ぶっそうだな、あんなにたくさんお金を腹巻の中に入れていて、おそわれないのだろうか」と心配したことを覚えている。

おばさんがとる手数料は、配当金額から十円引くだけだから良心的である。安い配当のときは払い戻し窓口に大勢並ぶので、ヘタすると次のレースが買えなくなる。そこでおばさん両替商のところに並ぶのである。両替おばさんがすごいのは、配当金が発表される直前に確定オッズを計算し、場内の窓口より早く払い戻しを始めることである。それがぴたりと当たっているから不思議だった。今でもその謎は解けていない。

もちろん、男の両替商もいたが、脳裏に焼き付いているのはおばさんのほうである。大学に入ってまもないときで、見るもの聞くものすべてが新鮮だったころだけれど、とくにこのおばさん両替商の存在は驚きだった。

惜しいことに、今の大井競馬場に両替商の姿はない。馬券の自動払い戻し機の設置と同時に不要の存在となったからである。一九九一年の三月に出された「大井競馬場内における営業者等の取扱い基準」という文書の中に、場内の営業者として、予想業者、両替業者、物品販売業者の三者が明記されているから、少なくともこのころまで、両替のおばさんたちは元気に場内を巡っていたのだ。

もうひとつ、腰を抜かしたのは「地見屋」という商売（？）の存在である。私はJRAの中山競馬場でその姿を目撃した。場内に落ちていたり、くずかごに入っているハズレ馬券を次々に拾いあげ、持参した袋にせっせと詰め込んでいる。どう見ても清掃人には見えないのは、JRAの制服を着ていないからだ。

いったい何をしているのかと疑問に思い、近くにいたおじさんに聞いたら親切にも教えてくれた。家に持ち帰って、その中に間違って捨てられた当たり馬券が混じっていないかどうかをチェックするのだという。地見屋は一家総がかりで馬券を調べるそうだから、これはこれで大変な仕事なのである。

「地見」というのは、いつも地面ばかり見ているゆえにつけられた名だそうだが、名前がちゃんとついているということは、職業として立派に成り立っていたのだろう。けっこうな確率で当たり馬券が混じっていたということだ。

そのほかに、公営競馬場には「コーチ屋」という人種もいた。予想を客に教えて、当たったら謝礼（コーチ料）をもらう。Aという客には1番の馬が来ると教え、Bという客には2番の馬が勝つと囁き、Cという客には3番の馬が頭で固いと指南する。もし3番の馬が来たら、Cからコーチ料をせしめるというセコイ商売だ。ヤクザとつながっている者も多かった。

私はつい最近、飲み屋で知り合った競馬好きの友達から、むかしコーチ屋をやっていた人間の情報を聞きこんだ。今は都内の某所で夫婦二人、まじめに理髪店を営んでいるという。さっそくその友人を介して取材を申し入れたのだが、「昔のことは思い出したくない」と断られてしまった。私は後悔した。誰だって昔の古傷には触れられたくない。

ともあれ、このころの競馬場には善悪混沌としていろんな達人がいたのである。だから競馬場は面白く、そして哀愁に満ちている。

予想屋という生業

そのころ、南関東の四競馬場（大井・川崎・船橋・浦和）には三十五人の公認予想屋がいて腕を競い合っていた。売上げの多い大井競馬場を主戦場にしている予想屋がもっとも多い。

場内にずらっと並ぶ予想台の列。畳一枚分もない演台に小さな屋根が付いている。一つの台に立つ予想屋はたいてい一人だが、なかに二人でやっている台もあった。人だかりを集めている予想台もあれば、客が一人もいないで所在なげにしている予想屋もいる。一目で予想屋の優劣がわかる。

「大穴だよ！　大穴。文部省推薦の大穴だ！」

客の寄っていない台の予想屋が大声でがなり立てていた。

あれじゃ、よけいに客は寄ってこない、と吉富は思う。いくらなんでもスタイルが古すぎる。客だって呆れた顔をして通り過ぎてゆくじゃないか。

幼いころから見慣れた光景だった。ただ、客ではなく予想する立場で見ると、その光景もまた違って見えてくる。

まず台の造りをざっと見た。予想屋の背面に板壁がある。その背板の端三分の一ぐらいの場所を占めてカレンダー大の成績表が貼り出されていて、その日の予想の成績が一目でわかるようになっている。赤いマジックインキの丸がついているのは、予想が当たった印だ。残りのスペースには、背板より一回り小さい出馬表と予想紙を兼ねた紙が貼られている。これが舞台装置のすべてだ。

ほかの台はどうなっているのか。吉富はパドック周辺の十数軒をのぞいて回ったが、どこも似たような仕掛けだった。そしてどの台の成績表にも赤丸はあまり付いていない。つまり、当たらない予想屋がほとんどなのだと知れた。

吉富は一番多く客を集めている「佐々木の予想」という屋号の前に立ってみた。そこも、もう第七レースになるのに、赤丸はたった一つだけだ。今日は調子が悪いのか。それとも、いつもこんなものなのか。

その台には鳥打帽をかぶった四十がらみの男と助手らしい若い男が立ち、口上はもっぱら若いほうが担当している。予想が不振でも鳥打帽は平然としたものだが、若いほうは寒いのに額にうっすらと汗を滲ませ、熱弁をふるっている。一瞬、親子かなとも思ったが、二人の顔はまったく似ていない。たぶん、師弟の関係なんだろう。

背板に貼り出した出馬表の馬名の下の欄には馬体重が書かれ、前走時との増減が示されている。さらにその下の欄に、馬の蹄鉄らしきマークが付いていたり、いなかったりする。マークが付いている馬は、いわゆる「勝負鉄」といわれる軽い蹄鉄に履き替えた馬で、「初履き」といって、勝負に出た証しだという。

ではこの勝負鉄を履いた馬がすんなり勝つのかと思えばそうでもないようだから、その効能のほどもだいぶ怪しいのだが、なんとなくありがたい情報に思わせる。

ちなみに通常使われている蹄鉄は四種類。鉄（Ｆｅ一〇〇％）の重い蹄鉄、これとは対照的に軽い「平《ヒラ》ニウム」というアルミニウムの蹄鉄、「規定鉄」と呼ばれる溝切り入りの標準型蹄鉄、そして全体に溝切りが入った「芝切り」と称する「勝負鉄」である。「平ニウム鉄」から「芝切り」に履き替えたときが勝負に出たときなのである。だから予想屋は、パドックで懸命に目を凝らして蹄鉄の変化を調べるのである。

ちなみに、日本で今のような金属製の蹄鉄を履かせるようになったのは、明治以降のことである。それまではわらのぞうりを履かせていた。日本の馬は西洋の馬に比べてひずめが固いので、蹄鉄は必要としなかったのだそうだ。

今の競走馬は、元をたどればすべて海外からの輸入馬の子孫だから、ひづめは弱い。能力の高い馬がひづめの弱さが原因で引退に追い込まれるのはめずらしいことではない。だが今の大井競馬場では、蹄鉄やひづめの情報も昔ほど重視されなくなった。

パドックで予想屋が注目するのは、蹄鉄だけではない。馬装、ハミ、覆面、舌を縛っているかどうかなど、前走との違いや工夫などを子細に観察する。

「さあ、このレース。ここは外しませんよ！　ここは荒れる！」

若い助手が声のトーンを上げる。傍らで、鳥打帽は、右手に持った印字スタンプを左手に持った六センチ角のわら半紙にポンポン押し始めた。予想の目が押され、束ねられたただの紙切れが一枚百円の有価証券に化けていく。

予想は一レース、一〇〇円（現在は二〇〇円）で売られる。だが口上だけを聞いておおよそを察し、一〇〇円を払わないしっかり者もたくさんいて、そうしたセコイ客ほど熱心に耳を傾けている。それでは予想屋は困るから、肝心のところはうまくボカして喋る。客がどうしても金を出したくなるような巧妙な口上が彼らの芸であり、技なのである。客との間合いの取り方で売上げは大きく違ってくる。

口上の途中で予想の目が客にわかられるようではこの商売はやっていけない。もちろん予想が当たらなければ誰も寄り付かなくなるのだろうが、今日見たかぎり的中率は予想屋によってそうそう違わないし、たぶん平均すればあまり優劣はつかないのだろう。

つまり、客をよべるかどうかは、プレゼンテーション能力の差だ。口上に説得力があるかどうかだろう。

（もう一度、見てまわるか）

吉富は「佐々木の予想」の台を離れて、再度、場内を巡回した。

よくよく観察すると、予想屋のスタイルは実にさまざまだった。それこそ吉富の本職である教師風もいれば、寅さんばりのテキヤ風あり、詩人のごとき詠嘆調あり、かと思えば親の仇にでもあったような大音声を張り上げる者ありで、見ていて、飽きがこない。

これは、大道芸人の世界だ。巧拙の差はあるけれど、それぞれに独特の癖というか、よく言えば芸風が感じられる。

いったいこの人たちは、どんな人生を歩んでこの大井競馬場に辿《たど》りついたのか。彼らを見ていて、ふとそんな感慨が湧いたのだった。

吉富はもうひとつ大事なことを発見した。それは、的中率やプレゼンテーションの巧拙のほかに、売上げを大きく左右する大事な要因は、台のロケーションであるということだ。パドックから本馬場に向かう通路にあたる一帯は、いわば銀座通りで、客が一番多く行き来する。このあたりに陣取れれば、ある程度売上げは確保できるようだ。そのゴールデンベルトから外れれば外れるほど集客は難しくなってくる。予想業は立地産業でもあるらしい。


「その日は馬券には手を出さなかったんだ?」

「いや、それが……」

「うん?」

「やっちゃった。メインと最終レースを買って、十万ほど浮いた」

「あ～あ、元の木阿弥だ」


気をよくしたところで、予想屋たちの成績をもう一度確認したいと思い、払い戻しを終えて予想台のほうへ戻った。

ところが、どうしたことだろう。どの台を見ても予想屋は誰もいない。成績表も剝がされている。むろん、客の姿もない。主たちが消えた空の予想台の前で、外れ馬券と、もはや用なしとなった予想紙が風に舞っていた。

この情景が何を意味するかを、吉冨はあとでイヤというほど知らされることになる。

主催者に直談判

昼は競馬場へ、夜は学習塾で講師という規則正しい（？）二足草鞋の生活を続けるうちに、吉冨の心に変化が起きる。

「大井競馬場の場立ちで予想をしている人たちを見ていて、正直、これなら俺もできるかもしれないと思った」

吉冨の回想である。

「俺があそこに立てば、もっと当てられる、とね」

「すごいな、よほど自分の予想に自信があったんだね」

「本当にそう思ったのだから、どうかしていると思われても仕方がない。いわゆる驕りだね。若さゆえの思い上がりだな」

「本人は大真面目」

「むろんさ」

「それで、いきなり大井競馬場の主催者を訪ねたんだね」

「いま思い出しても、冷や汗ものだね」

どんな競馬好きでも、競馬の予想屋になるという発想を持つ人はそういない。まして、実際に予想屋になろうと具体的な行動を起こす人など、ほとんどいない。一億二千万人の人間が住むこの日本で、場立ちの予想屋は五十人にも満たないだろう。

その理由はいろいろあるが、はっきり言えば、世間体があまりよろしくない。それに尽きる。同じ予想を業としても、気象予報士とはわけがちがう。

では、その場立ちの予想屋はいつごろから競馬場に存在するようになったのだろうか。一説には、戦後の失業対策事業のなかで認められた職業だといわれるが、はっきりしたことはわからない。

私は大井競馬場の広報にこの件を尋ねてみた。広報担当の職員が親切にいろいろな資料をあたってくれたが、予想屋に関する記述は見当たらないという。もしかすると飯田橋にある区政会館に競馬場開設以来の資料が残っているかもしれないと助言してくれた。

幸い私の事務所は飯田橋にある。さっそく区政会館をのぞいたら、二〇〇一年発行の『大井競馬場のあゆみ――特別区競馬組合50年史』という立派な装丁の分厚い本が見つかった。しかしその本の中にも、予想屋に関わる記述は一行も見当たらなかったのである。

大井競馬場の歴史から予想屋の姿がすっぽり抜け落ちている。

これでいいのだろうか？　予想屋のいない大井競馬場の歴史など、わさびの利いていない寿司のようなもので、何とも味気ない。がっかりして区政会館を後にした。

正史から外された歴史にこそ、人間の本当の息遣いが潜んでいると教えてくれるのは哲学者の内山節《たかし》だ。

「むかしの暮らしをたどるときに、文書であれなんであれ、分析という手法に頼っていくと、分析に耐えるものしか研究対象にならない。ところが人々が生きていた世界というのはそうした分析に耐えうるようなものではなかった。キツネなどの動物に騙されるような世界に人々は生きていたわけで、そうするとそこの部分は考察の対象からすっぽり抜けてしまう。

文書であれ遺蹟であれ、分析したり理解したりすることによってとらえうる歴史、つまり知性によってとらえうる歴史があるいっぽう、じつは身体性をとおしてつくりあげてきた歴史というものがある。動物に騙されたりする歴史というのは、知性ではなくて、むしろ身体性の中で、たえず自然と交流をしながらつくっていったものである。

しかしこの歴史は分析の対象にはならないので、学問からついに見捨てられてしまった。実はその中にこそ、民衆の暮らしの実相が隠されているのだ」（月刊誌『のんびる』二〇一六年十一月号）

正史に載らない民衆の歴史――大井の予想屋たちの歴史がまさにそれである。

『大井競馬場のあゆみ』の編纂《へんさん》に携わった方々に、ぜひ見解を聞いてみたいものである。

「なぜ、予想屋さんたちを外したのですか？」と。


話を戻す。

吉冨が予想屋を志したころ、中央競馬会（ＪＲＡ）の競馬場から、場立ちの予想屋、両替商、地見屋、コーチ屋、ノミ屋などはすでに姿を消していた。場内から締め出された予想屋は競馬場付近の路上で営業を始めた。

京王線の府中競馬正門前駅の改札口を出たあたりには、そうした予想屋がいくつかあって、景気よく一万円札と千円札を台に張って客を幻惑していた。なかにはそれに騙されて予想を買う人のいい客もいるのである。

私が競馬の帰りによく立ち寄る飲み屋の親父が、ある日突然、そうした予想台に立っていたのには驚いた。彼は、よく言えば、飲み屋と予想屋の掛け持ちをする働き者だったのである。しかし、まともな客からはてんで相手にされず、一目でそれとわかるサクラが客集めにヘタな芝居を打っていた。よくよく見ると、そのサクラも飲み屋の常連だったので、つい吹き出してしまった。私はその気さくな親父を嫌いではなかった。だが見ぬふりして通り過ぎ、その飲み屋からも遠ざかった。

彼らは早晩、競馬場の風景から姿を消さざるをえない。

その点、公営競馬なら、場立ちの予想屋は堂々と場内で営業できるのだ。


吉冨は主催事務所の受付で、予想屋の件で担当者にお目にかかりたいと申し出た。すんなり応接室に案内され、しばらく待つと三人の職員が入ってきた。何かクレームをつけに来たのではないかと、三人とも身構えているのがわかる。

だが今日の吉冨は、紺のスーツに趣味のいい小紋柄のネクタイを締め、ビシッと決めている。どうやらそう変な男ではないらしいと、三人は少し安心したようだ。

「どんな、ご用件ですか？」

「私、こういう者です」

吉冨が「進学塾『東大アカデミー』塾長・吉冨隆安」と印字された名刺を渡すと、三人がいっせいに顔を上げて吉冨をまじまじと見た。

「学習塾をやってらっしゃる？」

真ん中の職員が訊いてきた。

「はい。今は塾をやっておりますが、実は大の競馬ファンでして、かれこれ十年、馬を見ないと夜も日も明けない日々を送ってきました。実は、私、どうしても自分で予想をやってみたいんです。大井競馬場の予想屋になるにはどうしたらよいのか。それで、こうしてうかがった次第です」

印象をよくするため、なるべく丁寧な言葉遣いを心がけた。三人はあっけにとられている。

「世間では、予想屋のことを必要悪だなどと言っていますが、僕はそう思いません」

三人は苦笑いしている。予想屋を必要悪と言ってはばからないのは、他ならない、主催者の側だったからだ。

「予想屋も競馬文化の一角を占める存在なのです。予想屋がそれぞれ創意工夫を重ねて、自分の予想スタイルをつくり上げ、客にアピールすることが大事です。生意気を言いますが、今の予想屋さんの大半はその自覚がないようですし、サービス精神に欠けているようにも見えます」

聞いている三人の態度がだんだん変わっていった。ときどき大きくうなずいたりする。

「いやあ、正直言って、あなたみたいな若い人がそこまで熱心に、まじめに大井競馬のことを考えているなんて、ちょっと驚きましたねえ」と真ん中の職員が言えば、「耳が痛いですよ。私たちも常日ごろ、一部の予想屋さんについては思うところがないでもない」と、右側の職員がつづけた。

「わかりました。少し待ってください。組合長さんに聞いてみましょう」

大井の予想屋は組合をつくって、自主管理している。開催者は予想業者の管理運営をすべてこの任意組合に委託していた。

「組合にすべて一任しているんです。ですから、新規採用についても彼らが仕切っていて、われわれにはその権限はないんですよ。これから組合長さんにここに来てもらいます。彼と直接話しあってください」

そう言った後で、責任者とみえる真ん中の職員がつぶやいた。

「大井競馬場が始まって以来のことだな」

吉冨の申し入れは歴史的な出来事だったらしい。

コトブキのおじいちゃん

予想屋組合の組合長は、吉冨の話を聞き終えると、雇いたい所があるかどうか組合員に回覧をまわしてみると言ってくれた。

「しばらくしたら、私の台に来てよ。回覧がもどってきているはずだから。しかし、あんたほんとにやる気なの？　学習塾の先生のほうがはるかにいいと思うけどな」

組合長が、信じられないという顔をした。

このとき、大井競馬場で熱弁をふるっていた予想屋の顔ぶれは次のとおりである。吉冨の記憶を奮い起こしてもらったのだが、なにしろ四十数年前のことである。全部を挙げることはかなわなかった。前述したように、予想屋の存在は大井競馬場の正史からすっぽり抜け落ちている。調べようがないのである。吉富の友人の予想屋「まつり」の左手重行氏にも加わってもらい思い起こしたのが次の顔触れである。

「穴馬報知社」「上州屋」「大井の鉄ちゃん」「新通社」「光」「宮ちゃんの予想」「太閤」「第二太閤」「日英社」「天狗」「日光社」「大多喜社」「佐々木の予想」「渡辺の予想」「コトブキ」「グットニュース」「レコード社」「デイリー社」……。

このあと、時代を追って以下の面々が加わる。

「ザトップ」「半ちゃんクラブ」「牛若丸」「夢追人」「チャンプ」「田倉の予想」「ラッキー社」「島の予想」「ホースメンクラブ」「うまたか」「ビッグバン」「宝来社」……。

なにしろ、名前がユニークで多彩だ。

「グットニュース」は、正しくは「グッド」とにごらなければならないのではないか。

「半ちゃんクラブ」は、名字が半田とか半沢というのだろうか、それとも名前が半助や半蔵なのか。あるいは大のマージャン好きなのか、よくわからない。後でわかったのだが、半澤武俊という本名から来ていた。この半澤は吉冨の客だった人だ。

「太閤」は、秀吉の馬印《うまじるし》、おめでたい金の瓢簞にあやかったものだろう。これも後になってわかったのだが、「太閤」の前職はなんと警察署長だった。私はそれを聞いたとき、ぜひとも話を聞きたいと思ったのだが、残念なことにすでに故人となっていた。

思い入れの深そうなものもあれば、いい加減そうなネーミングもある。だがやはり、ツキを呼びそうなめでたい名が多いのはうなずける。

台を回りながら目に付いたのは、予想屋の身なりである。こう言ってはなんだが、お仕着せのユニフォームと帽子のせいか、いまいち見てくれが良くないのである。イギリスのブックメーカーのように姿のいい男は少ない。

予想屋の前職は教師がけっこう多いと聞いていたが、垢抜けない身なりのせいもあって、そんなインテリジェンスを感じさせる予想屋はいなかった。

（誰も調べるはずがないから、適当なことを言ってんじゃないか）

そんな気がする吉冨であった。

ただ、予想屋が前身を偽り飾ろうとする心情は痛いほど理解できる。自分だって、いまは確かに塾の講師だけど、会社を二度も潰し、場末のバーでモメ屋をやっていた。できればそれは隠したいことだ。

　戻ってきた回覧板を見せてもらうと、四人が助手の採用を希望していた。

「さっそく、その四軒の予想屋さんをリサーチした」

「トミのほうが調べたの？」

「そう」

「雇う側が調査するのならわかるけど」

「賢いでしょう」

　その中のひとつに、「コトブキ」という屋号の予想屋があった。

「もう、けっこう高齢のおじいさんでね、台の場所は大井競馬場でもっとも辺鄙なところだった」

「いちばん先に消したい候補だね」

「いや、それが、すぐここにしようと思った」

「えっ、なぜ？」

「流行っていない台だった。すぐ予想をやらせてもらえると思ったんだ」

「あっ、なるほど」

次の日。

午前十一時半に目当ての予想屋「コトブキ」の台に着いた。

けれど、じいさんの姿がない。隣の台で、じいさんはまだ来ていないのかと尋ねると、「さっき飯食ってたから、その辺で昼寝しているはずだよ」。

その予想屋が指さした方角を見ると、フェンスで囲われた芝生の中で、顔に帽子をかぶせて寝ている男がいる。

「あれ、ですか?」

隣の予想屋は笑ってうなずいた。

けっこう不真面目なじいさんだ。近づいて帽子の下の顔をのぞくと、涎を垂らしていびきをかいている。吉富は遠慮なく声をかける。

「コトブキさん、すいません。ちょっといいですか」

コトブキはガバッと身を起こして、キョロキョロ左右を見まわす。そこに吉富しかいないと見ると、吉富へ顔を戻して言った。

「お前さん?」

「はい。起こしてすいません。助手希望の吉富といいます」

「おう、助手になりたいっていう人か。背広にネクタイじゃあ、わかんないね」

吉冨は今日も、きっちりネクタイを締めている。

「悪い、悪い、つい、寝入っちゃった」

コトブキのじいさんは、ウ〜イと声を出して背伸びした。

「朝早くから調教を見に行ってたんでね。年には勝てないね。昼飯食うと途端にまぶたがくっついちゃってさ」

コトブキは、コーヒーでも飲みながら話をしようと、スタンド内の喫茶店へ吉冨を誘った。

気がはやる吉冨は、

「できたら、明日からでも、私に予想させてもらえませんか」と、いきなり言って出る。下手《したで》に出て、お願いするというやり方はしないというのが最初からの腹づもりだ。

コトブキは、飲みかけのコーヒーをプッと吐き出した。吉冨の顔をまじまじと見る。

(こいつ、気は確かか?)

「その前に、ちょっと聞きたいんだが、学習塾の先生が、いったいなんだって予想屋になろうってんだい。教えてくれ」

吉冨はそれには答えないで言った。

「この半年間、南関東四場の予想を新聞紙上のデータだけで予想してきたんです。後半三レースなら、四割近い的中率でした」

コトブキのじいさんは本当かと、目を丸くした。

「それで、すぐ予想させろなんていうんだな。それは甘い考えだ。だいたい、予想が当たったという証拠はあるの？」

「それは、そうです。でもけっしてウソじゃありません。では、こういうのはどうです。明日から三日間、私に予想させてください。お金はもらいません。その結果で決めてもらえませんか」

「おい、おい。あんたほんとに先生かい？　言うことが身勝手で、乱暴だぜ。それにしてもたいした自信じゃないか」

――もう、一押し。

吉富は思った。

コトブキは口とは裏腹に、吉富の満々たる自信にすっかりのまれていたのである。

――ひょっとしたら、この野郎、ほんとにすごい予想の秘訣を持っているのかも知れないな。

「自信がなければ、こんな頼みごとはしませんよ。今は言えませんけど、これまで誰もやっていない予想の方法論を見つけられそうなんです」

「誰もやってない予想だって」

「ええ。どうしても、それを試してみたいんです」

コトブキは、頭の中ですばやく計算したことだろう。

――だいぶ変わっているけど、キ印じゃないようだ。予想をやりたいという熱意も本物みたいだ。それに、本当に四割近い的中率ならあっという間に客がつく。俺にとっても悪い話じゃない。

「よし、わかった。せっかく俺を頼ってきてくれたんだ。なにやら深いわけもありそうだけど、野暮なことは聞かないよ。ひとつ、明日から立ってみなよ」

的中率一割そこそこのコトブキは、こうして吉冨の弟子入りを許したのである。

「それからさ、ただで予想をやらせるなんてケチなことを俺はしたくない。うん、どうしたものかな……」

ふつう、予想はさせなくとも助手には日当を払う。しかし吉冨の場合、いきなり予想をやらせろというのだから、コトブキは迷った。それに、まともな日当を保証するにはコトブキの売上げは少なすぎた。もともと、有給の助手を雇う余裕なんかありはせず、予想のノウハウを伝授する代わりに、無給で手伝わせるつもりだった。

吉冨は、すかさず言った。

「売上げを六、四で分けるってことでどうでしょう。師匠が六で、私が四」

コトブキは考えている。

「そういう契約は掟破りになっちゃうんだけどな」

「師匠が黙っていれば、バレないでしょう」

「それも、そうだな。じゃあ、けっしてほかにしゃべっちゃあいけないよ」

吉冨は、大きくうなずいて、コトブキのしわくちゃな手を握った。


「トミ、あんた、生き方がヘタだと自分で言うけど、自分を売り込むのは、とにかくうまい。水道屋のときも、洗剤屋のときも」

私が言った。

「というより、若さゆえの思い上がりだよ。この世界の常識を知らないからこそ、できたことだった」

「コトブキは、口は悪いが、心はやさしいおじいさん」

「そう、そう。いい人だったよ。即断即決してくれた」

「トミの熱意が伝わったんだ」

「南関東の場立ちは台数が決まっている。ふつう、弟子は修行を積んで、どれかの予想屋が引退する際に、その台をゆずってもらって一本立ちする。必ずしも自分がお世話になっている師匠の跡を継ぐわけではない。組合の推薦を受け、主催者の試験を受ける。落語の世界で、真打になるみたいなもの、と思えばいい」

「試験があるんだ。どんな問題が出るの？」

「書類審査、筆記試験そして面談」

「中身は？　むずかしいの？」

「筆記試験は、まず、競馬に関する一般常識と競馬に必要な専門用語。これはそんなにむずかしいことはない。それに、競争の勝馬投票業務に関する問題。早い話が、馬券の買い方だ。馬券の買い方がわからない初心者がいたら教えてあげなさい、ということだね」

「ほう、親切なことだ」

「それから、場内秩序維持と予想業者として必要な事項に関する項目、となっている」

「なんだい、その場内秩序維持とは」

「客を驚かしたり、口汚い言葉を吐いてはいけない。予想業者としての節度と矜持を持っているかどうかをみる質問だな」

「こういっちゃなんだけど、あの予想屋さんたち、みんなその試験をパスした人たちなの？」

「それは、わかんないな。戦後の競馬再開のドサクサにまぎれて、という人たちもいたんじゃないかねえ」

コトブキの好意と善意で吉冨はすぐ助手になれた。しかし、このとき吉冨がコトブキと交わした二つの約束は、後々大問題になる。そして吉冨の独立を妨げる大きな障害となったのである。

「大井競馬場の予想屋というのは徒弟制度だから、いきなり予想はできないことになっている。だから、すぐ予想をやらせろというこっちの言い分は前代未聞のことで、まして売上げを四分・六分でわけるなんて許されることではなかったんだね」

「それをコトブキのじいさんは、まあ自分の売上げが少なかったこともあったろうけど、即決してくれた」

「うん、俺にとっては幸せなことだった。じいさんには本当に感謝している」

救世主「ハイセイコー」

大井競馬場が世間の注目を浴びることになったのは、前にも書いたが、一九七三年（昭和四十八）に現われた黒鹿毛の快速馬ハイセイコーのおかげである。

大井デビューから六戦無敗で中央競馬入りし、中央初戦の弥生賞、次走のスプリングステークスを連勝、クラシック三冠レースの第一冠「皐月賞」をあっさりもぎとってしまった。それまでも、オンスロート号やタカマガハラ号など、地方の快足馬が中央に挑戦して話題を呼んだことはあった。だが、それはあくまでも狭い競馬サークル内のことで、広く社会の認知を受けたわけではない。

ところが、今度のハイセイコーブームはちがった。まさに異次元の広がりを見せたのである。とくに支持を寄せたのは地方出身のブルーカラーたちだった。草競馬上がりの地方馬が中央の名血馬を蹴散らし、伝統のクラシックレースを制したのである。「ようし、いつかはおれも」と、自分の境遇をハイセイコーに重ねて熱い視線を送ったのである。ハイセイコーブームはまたたくまに競馬界を跳び越え、日本全土を席巻する。

しかし、本当のところ、ハイセイコーはチャイナロックという一流種牡馬を父とする良血馬である。母ハイユウも世紀の名馬ネアルコの血を引いている。

名馬ハイセイコーの銅像。大井競馬場の正門を入ってすぐの広場に設置されている。

けっして名もない雑草馬などではない。それはマスコミが勝手につくりあげた虚像である。それはともかく、ハイセイコーを出した大井競馬場は、一躍人気スポットになった。これまでなら考えられない数の観客が押しかける。それはほかの地方にも波及して、日が当たらなかった公営競馬に時ならぬ春をもたらすことになる。

しかしその異常なブームのかげで、ハイセイコーを担当していた大井の厩務員が、愛馬を中央に盗られた理不尽さに憤り、失意のうちに遠い金沢競馬場へ都落ちしていったことは厩舎関係の人々ならよく知っている。

ハイセイコーはトライアルのNHK杯も勝ち、日本ダービーでは圧倒的な一番人気に支持された。しかし結果は、先に書いたとおり、まさかの三着。ゴール前で悲鳴をあげた多くのファンは秋の菊花賞へと望みをつなぐことになる。

夏を越し、秋が深まった京都競馬場での菊花賞。しかしハイセイコーはまたも、タケホープの鼻差の二着と涙を飲む。地方上がりの名馬伝説もここまでかと思われた。実際その後も、一番人気を裏切るレースをつづけ、翌年の宝塚記念と高松宮杯を勝ったことを除けば、誇るべき戦績を上げていない。

だが、その悲劇性がかえって人の心を掴んで離さない。二年後の一九七五年の一月に引退するまで、その人気はまったく衰えることがなかった。引退後も凱旋した故郷の北海道の牧場には多くのファンが観光バスで押しかける。日本の競馬史上、初めてのことだった。ハイセイコーはファンと馬産地を結びつけた功労者である。その後の競馬ビジネスのあり方を変えたことは間違いない。

稀代の人気を背負いつづけた黒鹿毛のサラブレッドが去り、暗転したのは出身地の大井競馬場である。ヒーローの引退と呼応するかのように客足が引き、またまた玄（くろ）い男たちばかりが集まる元の鉄火場に逆戻りしていくかに思われた。

吉冨が最初に涙橋を渡ったのは、ハイセイコーが引退した年の十二月のことである。ハイセイコーの大ブームが終わり抜け殻のようになった大井競馬場が吉冨の晴れ舞台となる。

予想屋デビュー

前夜はレース検討に思いのほか時間がかかり、二時間ほどしか寝ていなかったが、午前十時半には競馬場に着いた。

コトブキのじいさんが吉冨を客に披露した。

「今日から、俺の代わりにこの新人に予想させる。これはただの新人じゃないよ。予想のやり方がちょっと違うんだ。まあ、騙されたと思って今日一日付き合ってくださいな」

客がもの珍しげに吉冨を見る。

「おう、それじゃやってみな」

予想台に立ってみると、台は意外に高く、客を見下ろすような格好になる。台に寄って来た客はたった四人。コトブキは客に見放された台だから、まあ、こんなものかと気を取り直す。

吉冨は客に向かって軽く一礼した。

「頑張れ、新人！」

ひやかしたのか、応援してくれたのか、よくわからない声が客からかかった。

吉冨は腹に力を入れて第一声を出した。


「新人です。頑張りますのでよろしくお願いします。ええ、皆さん、このレース、『ケイシュウ』も『ダービーニュース』も10番の馬を本命にしています。何ででしょうね？　私にはわからない。こんなものは要りません。着にもこないでしょう」

吉冨が、専門紙の予想にケチをつけ、大本命の馬をあっさり切って捨てると、コトブキも客も「おっ！」と驚いた。

「たしかに前走は一着に来ています。新聞はみなこの馬をグリグリの本命に推している。しかし、それでいいのだろうか？

この馬が前走どんなレースをしたのか、皆さん憶えていますか？

枠は一枠、先行馬にとっては絶好の枠でしたね。まず逃げたのが3番の馬で、これは今までの成績からどうしたって逃げ切る力はない。その後ろに付けたのがこの10番の馬。人気になっていた外枠の二頭は差しと追い込みの馬で、この前を行く二頭を軽視して馬群の後方で互いに牽制しあっていた。

ところが、弱い逃げ馬がつくるスローペースになったものだから、3番の馬が四コーナーを回ってもまだ先頭に立っている。その後ろに、内埒《うちらち》一杯の経済コースを走ってきた10番の馬がぴったりと付いていた。ゴール前一〇〇メートルでもそのままの態勢、あわやこのまま行ったきりで決まるかと思われた瞬間、やはり3番の馬が失速して10番が先頭に立ち、ゴール寸前大外を回って追い込んできた人気の馬二頭がやっと二着と三着。そういうレースだったんです。つまり、10番の馬は、枠にめぐまれ、展開にめぐまれ、最短距離を走ってやっと一着なんです」

一気にここまで喋って、自分が顔を下に向けたまま喋っていることに気がついた。やはり、塾での講義のときよりは緊張している。

顔をあげ、客の反応を見た。いつのまにか、わずかに客も増えている。

「ところが、きょうのこの馬の枠は大外の八枠、内枠に有力な先行馬三頭がいて、テンのスピードがないこの馬はどうしたって先には付けられない！　よって先行できないこの馬はまったく用なし、消しです。逃げるか先行するかによって最短距離を走ってきた馬がずっと外を回らされたら、どうなるか。火を見るより明らかじゃないですか！」

吉冨の理路整然とした解説に、いちばん驚いたのはコトブキだ。

――この若造、よく勉強している。昨日の大言壮語もだてじゃない。

「それじゃあ、1番の馬から順に説明していきましょう。いいですか、皆さん、予想紙のしるしはまず疑ってかかる、これが勝利への道なんです」

だんだん舌がすべるようになってきた。

「いいですか、皆さん！」

このフレーズ、使いすぎか？

「おい、新人のくせに、ずいぶん度胸いいこと言うじゃねえか。10番の馬がきたらどうすんだよ！」

前にいた客が絡んでくる。四十がらみの小太りの男でギョロ目を光らせている。

「自信あります！　予想はきょう始めたばかりだけど、もしこの馬が来たら、すっぱりやめますよ」

ここで引いちゃいけない。このへんの呼吸はモメ屋稼業で体得したことだ。

「おう、言うじゃねえか。よっしゃ、わかった。予想くれ」

ギョロ目の客が一〇〇円を出した。小さく切ったわら半紙の予想紙を客の差し出した手のひらにさっと乗せる。初めての売上げだ。

「ありがとう。あなたが初めてのお客様だ。でも、話はまだ終わっていませんよ」

「俺だってド素人じゃねえ、そこまで聞けばあとはわかるわな。確認するためにお前さんの予想を買うんだよ」

レースは吉富の推理どおりの結果となった。一番人気の10番の馬は四着に沈み、吉富の第一本線の予想がずばり的中したのである。

さっき予想を買ってくれたギョロ目の男が台に近づいてきて、ありがとうよ、と千円札を一枚、台の上に置いた。

「ご祝儀だ」

ニカッと笑う。

「これは、どうも」

祝儀を与える側も、貰うほうも、まことに気分がいい。そばでコトブキのじいさんもホッとした様子だ。ニコニコしている。

「その調子だ。大丈夫、きょうはいけそうだ」

結局この日、最終までの計十レースを予想、うち四レースを的中させ、しかもすべてが十倍以上の中穴馬券だった。この時代はまだ馬番連勝式という馬券は発売されておらず、枠番連勝式しかなかった。十倍以上は立派な中穴。五十倍を超えたら大穴である。

予想紙の売上げは祝儀も含めて三万円ほどになり、コトブキはほくほくだ。吉冨へ、約束どおり四割の一万円強をくれた。

「どうだい、いっぱいやっていくかね」

「せっかくですが、この開催が終わるまで酒はやめときます」

「うむ。それも、そうだな」

コトブキは納得して、「ところで、明日も一レースから来るのかね」と聞いてきた。そうして欲しいと言わんばかりだ。

「いやあ、やはり下級レースはデータが少ないし、自信がもてませんから、午後の四レースからにします」

コトブキは残念という顔で帰っていった。

吉冨の予想屋デビューは成功した。初出走で初勝利、といったところか。

翌日も、コトブキのじいさんが吉冨の予想をそばで聞いている。

ふつう、予想屋というのは断定的にものごとを言わない。どの馬が来るか来ないかはぼかすものである。ところが吉冨はちがった。客に「2番の馬、どう思う?」などと聞かれると即座に、「要りませんよ、そんなもの!」と決めつけるものだから、コトブキのじいさんがビックりした。

「そんなこと言っちゃあダメだ。絶対、断言しないことだ。あとで揉めるかもしれない」と吉冨を諭す。口上を聞きながら、やきもきしていたらしい。吉冨の断定調の予想は大井始まって以来のことだったのである。

吉冨のデビューは上々の滑り出しだったが、コトブキのじいさんが危惧していたことが現実となる。吉冨が初日から一人で予想を始めたことがほかの予想屋の知るところとなり、大騒ぎとなったのである。

素人の助手にいきなり予想をやらせるのは仲間内のルール違反。しかも的中率がよかったからなおさら反感を買った。ベテランの予想屋ほど、顔をつぶされたという思いと、客を奪われるという心配がある。組合長へ、即刻やめさせろという猛烈な抗議がきたのである。

そうなれば立場上、組合長も動かざるをえない。

コトブキのじいさんは青くなった。組合長に言われるまま、何も反論できない。しかし吉冨は、「でもそれは、明文化された規則じゃないでしょう」と、コトブキ本人が認めたことだから、ほかの人に台の運営を干渉されるいわれはないと押し通してしまう。こういうときの吉冨には、ある種の凄みがある。組合長もコトブキのじいさんも目を白黒させていた。

しかし、このときの新人らしからぬ傲岸な態度が後々まで響き、吉冨は予想屋の上層部の多くを敵にまわしてしまうことになる。

ともかく、吉冨の予想屋デビューは上々の出足となった。その開催を通して居並ぶ先輩たちに一歩もひけをとらない成績をあげると、それが噂となって場内を駆け巡る。「すごい新人予想屋が現れたらしい」と評判が評判を呼び、コトブキの台に集まる客の数も日増しに増えていった。

コトブキのじいさんの喜びようといったらない。すっかり吉冨に頼りきりになり、そのうち競馬場にもあまり顔を出さなくなった。何もしなくても六割の寺銭が入ってくるのだ。

塾か、予想屋か

塾の経営と予想屋という、今度こそ本当の二足草鞋の生活が始まった。あっという間に半年が過ぎ、まわりの予想屋たちも少しずつ吉冨を受け入れていった。

そんなある日、塾の生徒が、吉冨がしょっちゅう競馬新聞を見ていると親に話したことがきっかけで、吉冨の隠れた副業が父兄に知れ渡ってしまう。

吉冨は疲れていた。

昼は予想屋、夜は塾の講師。心身ともにくたくただ。どだい、無理な二足草鞋だったのだ。

当初は夜中にやっていたレース検討が、睡魔に襲われてできなくなり、仕方なく塾の授業の合間に競馬新聞を広げるようになっていたのだ。生徒にバレて当たり前だった。

塾では、近所の「群馬屋」という魚屋の小学生の子供をふたり預かっていた。上は男の子で、下は女の子。群馬屋は夫婦で働いているので子供たちの面倒を見られない。頼まれて、児童保育所的なこともやっていたのだ。二人の月謝は月八万円だから、吉富にとっては大のお得意さんだ。塾が終わると二人の子供を群馬屋まで送っていく。すると隣のおにぎり屋「ぼんこ」で売っている大きなおにぎりをご馳走してくれるのである。腹も空いているから、美味いったらない。

ある日、群馬屋の夫婦が、おっとり刀で駆けつけてきた。

「先生、変な噂を聞いたのだが、大井で予想屋をやっているというのは、本当かい？」

この優しい夫婦に嘘は言えない。

「申しわけありません。本当のことです」

謝るしかなかった。

また、こんなこともあった。床屋で顔をあたってもらっていたら、その床屋のおじさんが「お客さん、大井で見たよ」と言うのである。近所の評判になっているという。吉富は、進退窮《きわ》まってしまった。塾をやめるか、予想屋をやめるか。もはや、二者択一しかない。

悪いことは重なるもので、そのころ吉富は最初の壁にぶつかっていた。当初の勢いはどこへやら、予想がさっぱり当たらなくなったのだ。意地でもここで予想屋をやめるわけにはいかない。主催者には大見得を切り、組合長には掟破りを見逃してもらっている。

吉冨は、迷わず決断した。予想屋を選ぶ。

信頼していた講師に無償で学習塾を譲ることにした。どうせ西澤からタダ同然に譲ってもらったものだ。暖簾代も払っていなかったが、西澤は何も言ってこない。

塾の経営者と競馬の予想屋をてんびんにかければ、誰だって答えは明らかだと思うが、そこが吉冨の吉冨たる所以《ゆえん》だ。あっさり塾を諦めたのである。

群馬屋の夫婦には、いずれ自分は学習塾から身を引くから、このままお子さんたちを預けてほしいと頼んだ。

奥さんが目を白黒させて言った。

「予想屋って、そんなに儲かる商売なの？」

「いえ、それほどでも」

脂汗が流れた。

群馬屋には話したが、問題は妻の洋子だ。やっと手に入れた世間体のよい仕事を放り出して、草競馬の予想屋になるなどと言おうものなら、怒りのあまり、卒倒するかもしれない。

その晩、おそるおそる話を切り出した。

意外なことに、吉冨の話を聞いても洋子は落ち着いている。まるで予知していたかのように、吉冨にしんみり話しかけてくる。

「あなたが、どうしてもやりたいというなら、仕方ないわ」

「？」

洋子が荒れ狂うことを覚悟していた吉冨は、そうなれば開き直って、競馬への愛着と予想への情熱をぶちまけるつもりでいたのだ。拍子抜けしてしまった。

「えっ、いいのか？」

と間抜けな言葉を吐いてしまった吉冨に、コクンとうなずいて洋子が言った。

「あのね、子供ができたの」

「えっ！」

それなら、なおさら予想屋なんて、絶対反対だろうに。

「そのかわり、約束してほしいの。生まれる子供たちが物心つくころにはすっぱり足を洗うって」

「物心つくころって、小学校五、六年かい？」

「なに言ってんのよ。三、四歳、遅くともせいぜい小学校入学までね。それまでなら好きなことやっててていいわ」

――やられた！

と吉冨は思った。

「敵もさるもの、引っ掻くもの」だ。だが、子供を身籠ったせいか、いつになくやさしい洋子をわざわざ怒らせる愚は犯すまい。ここはおとなしく引き下がることにしよう。

――子供か……。

先妻の和美との間にできた男の子のことが脳裏に浮かんで消えた。

半年後に生まれてきた子供はかわいい双子の女の子だった。


二月、群馬屋の娘の入試があった。受けたのは市ヶ谷の大妻中学校と九段下の和洋九段女子中学校。東京ではいずれも名門中学として知られている。第一希望は大妻中学校だった。

「ここは、俺にとっても人生最大の大勝負だと思った」

予想屋をやっていることがバレて、信頼を失いかけている。自分が塾をやめる前に、

「なんとしても、合格させたかった」

ここは、是が非でも有終の美を飾らないといけない。

吉冨は魚屋の奥さんと娘に同行し、大妻中学の合格発表を見に行った。学校側からもらった封筒を開けて奥さんは黙り込んでしまった。その母親の様子を見て、女の子が泣き始める。吉

冨が見ると「不合格」の紙が入っていた。吉冨は、何と声をかけていいのか、言葉を探す。そこでとんでもない失敗をしてしまった。娘さんが悪いんじゃないとかばおうとしてうっかり、「魚屋だからかなあ」と言ってしまったのである。大妻はお嬢さん学校である。エリートの子弟が集まるところだ。親の職業でふるい落とされたのではないか。そんな思いがつい口に出てしまったのである。

「二重の意味で親子を傷付けてしまった。取り返しのつかない失態だ。今でも後悔している」

吉冨は「東大アカデミー」の塾長という肩書を捨てた。

塾という堅実な収入の場がなくなり、子供が誕生する。予想の上がりだけで妻子を養っていけるのか。さすがの吉冨も不安になった。

ヤクザが仕切る競馬場

悪いことがさらに重なる。塾をやめ、予想業に専念するようになって、かえって予想の好不調の波が激しくなった。

不調の波がつづくと、大井競馬場が賭場本来の手強い素顔を見せはじめる。

一見すると、客の大半は上手に競馬を楽しんでいるようにみえる。が、それは大井の本当の姿ではない。血反吐を吐くような思いで一レース、一レースに金を投じ、ぎりぎりの賭けに身を削っている一群の人々。それが大井の本来の客筋である。彼らがつくり出す殺伐とした後のない空気。それが、吉富たち予想屋が身を置く大井の真実なのだ。

作家の井上ひさしは、「公営競馬場というのは宿命論的殺気のこもった場所である」と言った。

「宿命論的殺気」。このころの地方競馬の雰囲気を見事に衝いている。

吉富の予想が一レースも当たらない日だってある。そんな日は大変だ。


「バカ！　インチキ野郎」

「嘘つき！」

「詐欺師か、お前は！」

「金返せ！」


ありとあらゆる罵詈雑言が客から浴びせられる。遠慮というものがまるでない。

よく当たる新人予想屋が現れたという評判が場内をかけめぐって客は集まってきている。その反動もあって、予想を外すと一気に剣呑な空気が広がる。レースが残っている早い時間帯はまだいいが、残り二レースぐらいになっても的中がないと、台のまわりの空気はしだいに殺気を帯び、重苦しい圧力となって吉冨にのしかかってくる。

「真綿で首を絞められるような感じ？」

「いや、もっとすごいな。江戸時代の牢屋の拷問があるじゃない。ギザギザの台に座らされて重い石を膝に抱かされる。あんな感じかな」

悪態の言葉だけならまだいい。最終レースの終わったあと、馬券をはずした客が帰りがけにツツッと寄ってきたかと思うと、台に立っている吉冨めがけ、クチャクチャに丸めた予想紙を投げつける。それでも腹が収まらず、憎憎しげな顔を吉冨に向け、「死ね！　バカ」と吐き捨てる。

初めてその仕打ちにあったとき、吉冨は最終レースのあと予想屋の店じまいが矢のように速いわけが、ようやく飲み込めたのである。

（そうだったのか！）

そうした客の腹いせ行為は、ここ大井競馬場ではよくある茶飯事だったのだ。柔らかい予想紙ならまだしも、なかにはビール缶のような固形物を投げつける不心得者もいて、当たれば当然怪我をする。

あるとき、最終レースまで吉冨の予想が一レースも当たらなかった。吉冨も半ばやけくそになり、「おめでとう！　当たった人は」と壇上でふざけてしまった。途端に、誰かが投げた石が飛んできて吉冨の頭を直撃した。帽子を被っていたので事なきをえたが、「危うかった」（吉冨の弁）のである。大井は戦場なのだ。

吉冨の身の危険は、客の身の破滅の裏返しでもある。この金をスッてしまえば明日がないというギリギリの勝負を、吉冨の予想に頼って賭けているのである。吉冨の予想の目を買うかどうかの決断は、客の自己責任とはいうものの……。

だが、吉冨は彼らを責める気にはなれない。今は賭ける側から予想する側に身を移したとはいえ、それはつい数年前の自分自身でもある。彼らの姿に過去の自分を重ねるとき、自分も命を張るのでなければ、予想に金を払ってくれる彼らに対して申し訳ない。心底、そう思うのである。

命を張るといえば、デビューして間もないころ、吉冨は暴力団まがいの相手に〝冷や汗もの〟の体験をしている。

南関東の競馬場は、大井、川崎、船橋、浦和の四場であること、そのころの公認予想屋の数が三十五人であることは前にも書いた。それぞれ、自治体、あるいは大井のように特別区組合が主催者となっている。予想屋としてデビューする際には、四場へ個別に挨拶に行かなければならない。トラブルが起きたのは船橋競馬場だった。

「船橋はね、治外法権だった。予想屋組合の組合長の姻戚がその筋の人らしいと怖れられていた。俺が挨拶に行ったら、若造、明日、出直してこい、と怒鳴るんだ」

「どうしたの？」

「俺は予想の許可証を主催者側からすでにもらっていたから、当然その日から予想をやっていいと思っていた。これから予想をやらせてもらいますと俺が言ったことが気に食わなかったらしい」

「乱暴な人だ」

「あとでわかったんだが、俺が手土産を持たずに手ぶらで行ったからだった」

「菓子折り？　それとも現ナマ？」

「どうなんだろうなぁ。それも含めての挨拶だろうな」

ともかく吉冨は次の日に出直すことにした。

「どうなった？」

「翌日、その組合長のところに行った。そしたら、お前は挨拶の仕方も知らないのかと言うなり、俺の頭をポカリと殴ったんだ」

（なにをするんだ、この野郎！）

吉冨は憤然として、その足で主催者の事務所に駆け込み、主催者にくってかかった。

「昨日ここに来たら、ここの組合長に今日出直してこいと言われ、今日来たら、いきなり殴られた。こんな無法を許しておくのか、あんたら！」

吉冨は、裁判所に「身分保全」の仮処分を訴えて出ると息巻いたのである。目も少し血走っていただろう。裁判沙汰などにしたら、困るのは船橋の主催者と予想屋組合だ。そう思い、半ば計算ずくで強い態度に出たのである。

言いたいことを言って吉冨が主催者の事務所を出ると、船橋の組合長と大井の組合長が慌ててついて来る。

「ところがそこで、とんでもないことになってしまった」

「どうしたの！」

「船橋の組合長が、その場で大井の組合長をいきなり、三、四発、ぶん殴ったんだ」

「あれまあ！」

「あのころは大井の組合長より船橋の組合長のほうがデカい顔をしていたんだ。なにしろ後ろに怖い人たちが控えているという話だったからね。あげく、俺に対して、船橋の『許可証』を返せと迫ってきた」

「予想屋の免許証だね」

「そう、あいつらは蛇のようにしつこい。正論なんか通らない。これは裁判で争ってもムダだと悟ったね」

大井の組合長には、コトブキを紹介してもらった恩もあるし、暴力沙汰にも巻き込んでしまった。これ以上、迷惑はかけられない。今後、いっさい大井の組合に累を及ぼさないことを条件に「許可証」を返したのである。

「口惜しかったが、非合法の世界に生きている連中を相手にしたら、ますます周囲に迷惑をかける。やむをえなかった。大井の組合長には本当に悪いことをした」

しかし、当時船橋界隈の公営ギャンブルの世界で大きな顔をしていた船橋の組合長に喧嘩を売ったのである。大井の予想屋組合は大騒ぎになり、若手の予想屋から称賛の声も上がる予期しない反響もあったが、吉富を除名しろと言う声も多く出た。

「だけど組合内部で変なもめ方をしたら、主催者側から、お前ら全員出ていけと言われかねない。予想屋は一年ごとの契約だから、弱い立場だ。この事件はなかったことにしようということになった」

四十数年前のほろ苦い思い出である。

当時の船橋競馬場の様子を、山口瞳がこう書いている。

「船橋競馬場の四階席は、まさに筋者の巣になっている。ロビーの椅子は彼等に占拠されている。冬でも白の背広の上下、サングラス、ちりちりの頭髪。堅気を装って話しかけてくるのはノミ屋だと思って間違いはない。場内アナウンスは、ひっきりなしに、ノミ屋とコーチ屋に注意するようにと警告している」（『家族』文藝春秋）

吉冨は現在も、船橋での場立ちはやらないことにしている。南関四場のなかで、船橋競馬場の予想屋組合だけは今だに別組織となっている。ただ、断っておくが、現在の船橋競馬場から、暴力団関係者は一掃されている。今では若い男女が集うベイエリアの遊び場となっている。

ちなみに、警察庁が公営競技場からの暴力団関係者の排除に本格的に取り組んだのは、一九八五年の春からである。

当時の朝日新聞に次の記事が出ている。

公営競技場から暴力団締め出し　警察庁方針

警察庁は二十二日、暴力団を公営競技場やゴルフ場から締め出す国民運動を起こすことを決めた。三十九年に始められた暴力団の興行を公共施設から締め出す運動以来、二十一年ぶりの運動になる。同日開かれた暴力取り締まり推進委員会（委員長、山田英雄同庁次長）で決めたもので、競馬、競輪、オート、モーターボートなど各公営競技場から暴力団を締め出し、重要な資金源になっているノミ行為、ダフ屋、予想屋などを排除し、からめ手から暴力団の活動力をなくすことをねらう。（中略）
警察庁はすでに日本中央競馬会や全国競輪施行者協議会など各競技主催者が加盟している全国公営競技施行者連絡協議会（会長、沼田武千葉県知事）に要請しており、同協議会は来月中旬緊急大会を開き、暴力団、ノミ屋の追放を決める。（一九八五年三月二三日付朝日新聞朝刊）

警察庁はこのとき、予想屋まで締め出すと気負い立ったが、どっこい吉富たちは今でも大井の場立ちを続けている。暴力団と予想屋を一緒にされてはたまらないのである。


「ヤクザと予想屋といえば、ちょっとした思い出があるんだ」

「ほう、どんな？」

「作家の山口瞳さんに『家族』という名作がある」

「知っているよ。愛読書だ。なんべん読み返したかわからない」

「あの本の中に、予想屋とヤクザのつながりを示唆するかのような記述が出てくるんだ」

それは次の場面だ。予想屋の安本が山口瞳にあることを注意する。山口は安本を贔屓《ひいき》にしている。

「それより、先生、気をつけてくださいよ」

（中略）

「船橋のことか」

「船橋だけじゃないですよ」

「やばいか」

「匂うね」

このごろ、私は、どこの競馬場へ行っても、見知らぬ男から声をかけられるようになっている。〝どっかで見かけた顔だと思ったら、せんせでっか〟彼等の科白は決まっていた。いずれも組関係の男である。私の顔を知るわけがない。情報もしくは指令が流れていると見なければならない。益田でも高知でも声をかけられた。〝お手柔らかに〟という意味だろう。

「流浪《さすらい》のギャンブラーなんて気取っている場合じゃないか」

「当り前ですよ」

ヤクザと予想屋との絡みはもう一カ所あって、なんとそこでは、安本という予想屋が、実はヤクザの仕切るノミ屋と客の連絡係だった、ということにされている。

「俺は山口瞳さんが好きだったんだけど、予想屋のことをこんなふうに書くなんて許せないと思ったんだ」

「ヤクザと予想屋がつるんでいるというのは事実ではないと」

「そう。だから俺は、山口さんに抗議しようと思った」

「ええッ。そうとう頭にきたんだね」

「そりゃそうだよ。俺たち予想屋の生活が成り立たなくなる」

「ふ〜む」

「出版元の文藝春秋社に電話して、山口さんの住所を教えてもらった。国立《くにたち》のほうだったね」

「よく教えてくれたな」

「葉書を書いた。戦後すぐのことならいざ知らず、今はヤクザとつながっている予想屋なんておりません。もしいたら、すぐ解雇されますって」

「ふむ」

「それに先生は、地方地方って言いますが、中央競馬なんて、千葉県の中山と府中の森の中じゃありませんか。大井や川崎は都会のど真ん中ですぜってね」

「ははは」

「山口先生から、すぐ返事の葉書が来た。これには驚いたね」

「ほう」

「いきなり、大変申し訳ありませんでした、と書いてあった。何の言い訳もせずに、申し訳ありませんと。こっちはかえって恐縮しちゃった」

「ふつうの人なら、まずくどくど言い訳じみた説明をするのに、そうじゃなかった」

「そうなんだ。さすが山口瞳、と感服してしまった。後で考えたら『家族』という小説は山口さんのライフワークのひとつだったんだね。父との相克を身を削る思いで書いた珠玉の小説だった。俺はそれにケチをつけるようなことをしてしまったと猛省した」

大作家・山口瞳と葉書のやり取りをした予想屋は吉冨が最初で最後だろう。

第7章 「走破タイム」の嘘

スピード指数の限界

吉冨は苦闘の中にいる。

大井の予想屋のレベルが低く、これなら自分のほうが数段高い予想技術を持っていると、満々の自信で乗り込んできた。予想でメシが食える。だから、進学塾もあっさり手放した。

吉冨の予想は、馬連の時代になってからは、軸馬を一頭決め、相手の馬を三頭選ぶという「馬連三点予想」を基本とした。「2―3、2―4、2―5」といった具合だ。この三点予想で他の予想屋も驚く驚異の的中率を誇ってきた。だが、塾をやめたあたりから調子が狂いだし、予想がまるきり当たらなくなったのだ。原因はわからないが、とにかく当たらない。客の態度が目に見えて冷やかになり、仲間からは嘲りの目が注がれる。つらいし、自分が情けない。

吉冨は、自分の予想理論を根本から見直さざるをえない。どこに弱点があるのか、自分の方法論に潜む決定的な誤謬を探し出さなければならない。さまざまな試行錯誤を繰り返した。

まず、競馬の原点とされる血統の研究にあらためて取り組んだ。しかし、二年をかけて得た結論は、こと公営競馬にかぎって言えば、血統はまったく関係ないということだった。父系、母系とも馬の競走成績に何の相関関係も見出せなかったのである。ただ、馬の体型や気質は遺伝形質とも言えそうなのは確かだが、これとて、たかだか統計学的な意味を持つだけで、予想の重要なファクターにはならない。切り捨てていい。

考えてみればしごく当たり前の話だ。超一流の血統馬はそもそも地方競馬にやってこない（現在はそうでもない。一流血統馬もめずらしくなくなった）。国産の二流血統が大半を占めている。たまに血統馬がいたとしても、それらは中央競馬からはじかれた故障馬か、気性に難のある問題児ばかり。半可通の競馬ファンが手を出して火傷するのはこうしたあぶない血統馬なのである。こと地方競馬に関するかぎり、血に由来する能力差は考えなくていい。

この点が、高額の超一流血統馬がひしめく中央競馬との大きな違いである。中央競馬が血統に支配された階級社会なら、地方競馬は名もなき野武士が割拠する戦国社会だ。料理にたとえれば、雅《みやび》な京懐石と山形県の芋煮鍋ほどの差がある。値段も違えば、味も異なる異質の存在だ。

血統が戦績に関係ないことはわかった。だが、馬の個性（体型）や気質の違いというのは厳然としてある。

たとえば、逃げ馬には臆病な馬が多い。他の馬が怖いから先へ先へと行ってしまう。逆に極端な追込み馬も実は同じだ。臆病で馬込みの中を走れないので後ろからトコトコついて行くしかない。だけど能力があるから、直線に入って馬群がバラけると猛然と追い込んでくる。成績がムラであまりあてにならないのだが、こういう個性派はけっこう人気が出る。私もいまだに追込み馬が好きである。

けれどこうした馬の個体差を数値化することは、どだい無理な話だ。そして調教師や騎手の技量の巧拙を数値化することも、できないことはないにしても主観的に過ぎ、合理的とはいえない。人間の能力や技術はすべての場面でひとしく発揮されるとはかぎらない。騎手のボーンヘッドや、逆に神がかり的な一瞬の手綱さばきは予測不能である。

結論として、どうせ不確実なのであれば、思い切って属人（馬）的なファクターをいっさい排除しようと決めた。あれもこれも、考えられる要素をすべて盛り込めば、予想はかえって信頼性を失っていくのではないか。わかりやすい要素のみを集約して、わかりやすく解析する。そうして導かれた結論に、どの要素を加味するかは客の嗜好に委ねるべきだ。

簡単に言えば、数値化できない要素はカウントしないということだ。理系の頭を持つ吉冨らしい割り切りである。

しかしそれでも、もっと本質的で実践的な問題が残る。速い馬がいつも勝つとはかぎらないという冷厳な事実だ。

「予想屋になってもずっと、人間の陸上競技のように『速い馬が勝つ』と信じ込んでいた。当然だが、大井に乗り込む前の研究で編み出した自分の『スピード指数（馬の絶対能力）』で予想していた。ところが、前走で5馬身も離されて負けた馬が、次走では同じ馬に逆に5馬身もの差をつけて勝ってしまう」

「ある、ある。よくある」

と私が相槌を打つ。何度も痛い目に遭っている。

「たまにならともかく、君が言うように、頻繁に起こる。これはいったい、なんだろうと思ったね」

「うむ」

「まず、考えたのは馬の成長力、次に、いわゆるそのときの体調なのか、とも考えた」

「体調ねえ」

「だけどこれは、さっきも言ったように、数値化できない要素としてカウントしないことにした。そこまで割り切るのに、五年ぐらいかかったかなあ」

苦節五年、いや実際はもっと長いか。

「気付いたのは、走った距離とレースの『ペース』が関係していることだ。それでもまだ、時計で競馬を考えようとしていた。懸命になって、馬の能力をスピード指数に変換しようとした」

「ふむ」

「陸上競技のように、自分の走るコースが決められているなら、距離の差はありえない」

と言って、吉冨はひと呼吸おく。なんか大事なことを言おうとしている。

「ところが、枠順は決まっているのに、馬は好き勝手なコースを走っていいのが競馬だ」

「そりゃそうだ。砂の馬場に陸上競技のトラックのような白いラインを引くわけにはいかない」

「当然、内と外では、走った距離はちがってくる。どのくらいちがうかは、自分で計算すれば、君にもわかるだろう」

いや、わかんないって。私はまるで数学が駄目なんだから。

「それはまた、あとでしゃべることにして、次に考えたのは『ペース』だ」

「ふむ」

「ハイペースなら前に行った馬がつらいし、スローペースなら後ろから行った馬が苦しい」

念のために補足しよう。レースのペースが速ければ速いほど、前に行った馬は早めにバテてしまい、直線の入り口かゴール前あたりでずるずる下がってしまう。逆にスローペースの場合は先に行った馬は楽に走れ、後ろの馬が差し込んでくる前に逃げ切ってしまう。後ろの馬がスピードに乗ったころには前の馬がすでにゴールしている。これを「脚をあまして負ける」という。

「ちょっとでも競馬をかじれば、誰にでもわかることだね。そのペース負荷を一所懸命、数値に置き換えようとした。つまり実際に走った距離とレースのペース負荷を数値に換算して、スピード指数からプラス何秒、マイナス何秒と計算していたのだ」

このあたりにくると、理解が少しずつ困難になってくるが、まだなんとなくわかる。そういう数式も編み出したのだろう。

「だが、競馬場には風が吹くこともあれば、暑い日と寒い日では温度差がある。競争馬に影響しないわけがない。ここは、どうしたものか。悩んだ」

「そういえば、陸上競技では『追い風参考記録』というヤツがあって、風の強い日の記録は公認記録とはならない」

「そう。気象条件の差をスピード指数に盛り込めるのか。それも大問題だった」

「予想紙の成績欄に走破タイムが載っているけど、『追い風』とか『気温35℃』とか、その日の気象状況が書いてあるのは見たことがないなあ」

「ははは、まったく」

吉冨の苦悩が続いている。

持ちタイムの嘘

自分のスピード指数はほころびが目立つ。いや、破綻しているといったほうが実体だろう。吉冨は原点に戻ろうと思った。

「言わずもがなだけど、スピード指数でもっとも大事なのは、走破タイムだ。その馬の持ちタイムこそ、スピード指数で予想するときのもっとも重要なデータなんだ」

「そのもっとも重要な走破タイムがあてにならない」

「そう、そこで考えた。そもそもレースのタイムはどうやって計っているのかとね」

「それこそ、セイコーの精確無比な時計で計ってるんじゃないの?」

「ところが、ちょっと、ちがうんだな」

「えッ」

「競馬場で見ていれば、すぐ気がつくと思うけど、スタートゲートの5メートルほど前方に、内ラチ沿いに黄色い旗を持っている係員がいる。この人はいったい何をやっているのか、わかる?」

「いや、わかんない。だいたい、そんな人がいるなんて知らなかった」

「実は、ここにレースタイムの秘密が隠されていたんだ」

「秘密?」

吉冨が説明してくれたことは、長いこと競馬をやってきた私にも実に意外なことだった。

「この旗は見た目のとおり、『黄旗』と呼ばれるもので、別名『時計旗』ともいう」

「時計旗?」

「役目から、そう呼ばれている」

「どんな役目なの?」

「スタートゲートが開き、先頭の馬がその黄旗を持った係員の前を通過する瞬間、彼はその旗を上から下へ振り下ろすんだ。それを合図に計測係の人がタイムウォッチを押す。レースのタイムはそうして計測されているんだ」

「驚いたな、今もそうなの?」

「そうさ。ただ現在では、同じ場所に赤外線の自動タイム測定器が置いてあり、併用されている」

「黄旗信号はそのままで?」

「そう、まだ残っている」

「なんでだろう?」

「変だと思うだろう。不思議だよね。これだけデジタル技術が発達した世の中で、JRA(中央競馬会）は実にアナログな計測方法をとり続けている。理由は俺にもわからない。問題なのは、人間のやることだ。旗を振り下ろすタイミングが、ほんの0コンマ何秒か早かったり、逆に遅かったりすることが、絶対にないとはいえないということだ。いや、絶対にあるはずだ」

「あるだろうね」

「それに、さっきも言った気象条件だ。台風のような強風が吹くこともあれば、春一番の突風が吹くこともある。そうした環境変化にまったく左右されず、毎レース毎レース、正確に旗を振れるものだろうか」

「体調の悪い日だってあるだろうさ」

「旗を降りおろす人は、旗振り名人と呼ばれるような一芸に秀でた人じゃないだろう。専門職かもしれないが、ベテランもいれば、新人もいるんじゃないか」

「腕にバラツキがあって、当然だ」

「仮に、この黄旗が0コンマ何秒か遅く振り下ろされたら、走破タイムはどうなるか。もし1秒遅ければ、6馬身の差がついてしまう。競馬を決定づける差だ」

「ムムッ」

「そこに思いが至れば、持ちタイムなどに踊らされている自分がアホらしくなってくる」

「持ちタイム、信ずるべからず！」

これは、吉冨の大発見だった。

本当に吉冨の言う通りなのか。私はＪＲＡにこのことを確認すべく、次の質問を送った。

①どなたが、計時を指示するのでしょうか。
②どの瞬間で計時が始まるのか。何か、合図のようなものがあるのでしょうか。
③計時装置は、たとえばセイコーの何々などと機械が決まっているのですか。
④計時にまつわる御苦労話などがありましたら、お教えください。

質問を送付して二日後、ＪＲＡの広報部報道室から次のような回答がきた。

①どなたが、計時を指示するのか。
決勝審判委員の指示のもと、自動計測を行っています。

また、決勝審判委員の指揮の下、計測員及び自動計測装置を運用している㈱山口シネマの計測員も手動計測を行っています。
※決勝審判委員は、到達順位・入線タイム・各馬の着差を決定しています。

②どの瞬間で計時が始まるのか。何か、合図のようなものがあるのでしょうか。

スタート地点のゲート付近に受発光器が設置されており、センサーを馬が通過すると計測が始まる仕組みとなっています。

機器故障や、鳥などがセンサーを通過してしまうことも考えられることから、同じ位置に黄旗の係員を配置しており、手動計測も行っています。

なお、ゴール板付近にも受発光器が設置されており、一着の馬が通過すると計測が終了し、着順掲示板に一着馬の走破タイムが表示される仕組みになります。

③計時装置は、たとえばセイコーの何々などと機械がきまっているのか。

ＪＲＡでは㈱山口シネマとタイム計測業務について契約しており、山口シネマ製のものを使用しています。

④計時にまつわる御苦労話など

毎年数件、落馬した空馬（騎手が騎乗していない馬）や鳥がセンサーを通過してしまい、手動計測のタイムを採用することがあります。

本年は強風の影響でセンサーが誤作動を起こし、手動計測のタイムを採用する

事象がありました。（かなりレアケースです）

こちらが聞いたことに丁寧に答えてくれた。感謝である。この回答を見ると、こちらが心配したような計時のミスはほとんどないようである。ただセンサーが設置される前は手動計測だけだったろうから、昔の記録はあまり信憑性がないとも察せられた。

どうしたら、予想から曖昧さを排除できるか。吉冨の探究が続く。ひと口にレース予想というけれど、その作業にこれだけ不確かな要因がからみついている。私なら、とうに放り投げている。

予想屋いろいろ

ちょうどこのころ、予想技術のレベルアップに苦闘し腐心する吉冨の周囲で、笑うに笑えない辛い事件が起きる。吉冨が大井の予想屋仲間の顔とその実力のほどをあらかた把握したころのことだ。

ある朝、自宅マンションを出て、いつもどおり公園に差しかかると、顔なじみの予想屋「第二太閤」のオヤジが家族と一緒にベンチに座っている。なにやら深刻な顔つきである。気にはなったが素通りして職場に向かった。ちなみに「第二太閤」は吉冨がこの世界に入ったときにいた元警察署長の予想屋「太閤」の弟子である。

客を呼べない予想屋は、かなり生活が苦しい。予想台は一日二六〇〇円の賃料を取られる。それに組合費が一三〇〇円。合わせて四〇〇〇円は最低限の必要経費。昼飯代が一〇〇〇円として、お茶もコーヒーもケチったとしても、一日最低五〇〇〇円。南関東四場の営業日は月二十日だから、月十万円はかかる。それに家賃や生活費で三十万円。すると、月に最低四十万円は必要だ。一枚一〇〇円の予想を四〇〇〇枚売らないとやっていけない。一日に直すと二〇〇枚。これは、かなり売れっ子の予想屋でもキツイ数字である。

同じ日の夕方、仕事を終えての帰り道、吉冨がその公園に来てみると、驚いたことに「第二太閤」の一家が同じベンチでまだ話しこんでいるではないか。

（話がまとまらないのかなあ、難儀なことだ）

吉冨は家族に気付かれないように足早に立ち去った。

数日後、「第二太閤」の妻と子供が家から出ていったことが伝わってきた。

「第二太閤のオヤジはそれでも黙々と仕事を続けていたんだが、まもなく脳梗塞で倒れてしまった。孤独な戦いにストレスが溜まっていたんだろうねえ」

それでも第二太閤のオヤジは必死の思いで職場復帰した。しかし、後遺症で口がきけないのである。口上を喋れない予想屋は客を呼べない。誰も寄ってこない台の上で空を見上げてじっとしている。

「横で見ていて、ほんとにつらかったなあ。それから一年ぐらいで引退した。このオヤジも、ある意味、俺の戦友だったたと思う。一緒に頂上を目指して戦っていたのに、独りで途中下山を余儀なくされた。無念だったと思うなあ」

「……」

吉冨の同期にNという予想屋がいた。妻は看護師で、発達障がいのある男の子がいる。Nは、「オス・メス予想」という独特の予想理論を信じ込んでいた。

「なんだい、その『オス・メス予想』というのは？」

「オスとメスの組み合わせで一・二着が決まる確率が高い、という理論だ」

「バ、バカな」

私は吹き出してしまった。

「それじゃ、オカルト予想だ」

「それだけは客の前で言うなと注意したんだ。客にバカにされるってね」

「当たり前でしょう」

さらにNは、当たるまで倍々で馬券を買い続けるという「倍買い理論」を信じていて、ある日とうとう、高利の金を一〇〇万円を借り、近くにある平和島競艇でそれを実践したのである。Nは競馬の予想屋だが、競艇は素人だ。サンケイスポーツの予想通りに倍買いを続けて、あっという間にパンク。その場からすぐ逃亡した。残されたNの家族が哀れである。

予想屋のなかに、常識にかからない男が混じっていたのは否定できない。

悲惨な話だけでは芸がない。ちょっと笑える愉快な予想屋さんのことも言っておこう。

吉冨の同期に、前述した「まつり」の左手氏がいる。通称、シゲさん。予想屋にしておくのがもったいないほど、苦み走ったいい男である。そのはずだ。シゲさんの父親は映画俳優だった。実家は向島で中小企業を営む資産家で、そこの三男坊である。生粋の江戸っ子だから、口も早いし、手も早い。喧嘩好きなのだ。いたずらが過ぎて足立学園（高校）を中退し、兄の紹介で予想屋になった。

弟子入りしたのは「大井の鉄ちゃん」という、はなはだユニークな予想屋だった。大井の鉄ちゃんは後ろに張り出した出馬表の自信のあるレースを赤枠で囲み、客に向かって絶叫する。「この赤枠は絶対くるう！」。それがほとんど外れるので客からは「赤枠の鉄ちゃん」とからかわれていた。また病的なゲン担ぎ屋で、助手のシゲサンが気を利かせて師匠の赤鉛筆を削ると

「削るな！　ツキが落ちる」と真面目に怒るのである。見ている客が笑う。

さすがのシゲさんも「この師匠にはついていけないなあ」と悩み、吉富に「弟子をやめたい」とぼやくのであった。シゲさんはその後、「日英社」という組合の副理事長を務める人格円満な予想屋の弟子になり、ようやく真面目に予想の腕を磨くことができた。

シゲさんのあだ名は「落としのシゲ」。客に決断させる、つまり予想を買う気にさせることにかけてはピカ一の技術を持っている。大井の予想屋の中でもいちばん一〇〇円玉を集める男とも言われた。ちなみに吉富は、後に「朝バイ」のトミと呼ばれるようになる。早い時間からやってくる客を自分の台に集めることにたけているからである。「朝バイ」の「バイ」は「売」。朝早い時間に客を集め、売上げをつくってしまう凄腕という意味である。

シゲさんには一時、女性客の親衛隊ができた。今でいえば、チアガールだ。予想屋に女性の親衛隊ができたのは後にも先にもシゲさんだけである。それほど女にもてたのである。シゲさんも吉富の戦友である。吉富と同じように組合幹部から長いこと睨まれ、助手から独り立ちするまで十四年も待たされたのである。

「何かあると、すぐ突っ張ってしまう俺を後ろでいさめてくれる得難い友達なんだ」と吉富が言う。気持ちのいい男なのである。私もシゲさんと一緒に飲んでみて、その好ましい人柄がよくわかった。

――いろんな予想屋がいる……。

世間は広いと言えども、これほど個性的な職能集団もなかなかないのではないか。

立会川エレジー　消えた人々

立会川駅の近辺は小さな商店が寄り添うように街をつくっていて、交番も、郵便局も、信用金庫も、飲食店も、みんな身内のようなものだ。昭和初期のような地域の親密さを保っている街だった。吉冨もしだいに馴染の店ができ、商店主と挨拶を交わし、無駄話をするようになった。

郵便局の近くによく行く居酒屋があって、傍目にも仲のいい夫婦が切り盛りしている。主人ともすぐ親しくなった。底抜けのお人よしで、競馬も嫌いではない。吉冨の予想台にもちょくちょく顔を出す。

「青い顔をして、必死の形相で打っている姿をよく見かけて、ちょっと心配だった」

と吉冨。

競馬場では時として「あの馬が勝負に出た！」という情報が流れることがある。情報の出所は馬主あたりらしいが、本当のところはわからない。ともかく、いかにも真実味を帯びて勝負情報が流れてくるのである。居酒屋の主人はそれを信じて大勝負に打って出た。だが、その馬は着（一〜三着）にも来なかった。こうした勝負情報は最終レースの前に流れてくることも多く、負けが込んでいるとつい縋りつくものである。私も痛い目に遭ったことがある。

それから何日もしないある真昼間のことである。港区の赤坂郵便局に、手に包丁を持った押し込み強盗が入った。その界隈は大騒ぎになった。そのことを知らない吉冨はその夜もそこの居酒屋に行くとなぜか店が閉まっている。変だなと思いながらも、別の店で飲んで家に帰った。テレビがニュースをやっていた。画面に、昼の赤坂郵便局の押し込み強盗の姿が映っている。その犯人の顔が大映しになったとき、吉冨は手に持つビールのコップを危うく落としそうになった。なんと、その居酒屋の、あの人の良い主人ではないか。

「あわわわー」

吉冨は声にならない声を挙げた。

居酒屋の主人は服役した。残された奥さんはその後も、外聞の悪さをこらえ、ひとりもくもくと居酒屋をつづけたのである。

このとき、まわりの住人が偉かった。彼女を特別白い目で見ることもなく、なにかと助けてやったのである。吉冨も店の売上げを心配し、仲間を誘って飲みに行ったりした。立会川界隈には、「ふとしたことから罪を犯した人は許す」という気質がある。鈴が森刑場跡に住んだ江戸人の人情がまだ残っているらしい。人の過ちを許し、傷をいやす懐の深い気質が風土として残っていたのである。

三年後、主人が刑期を終えて出所してくると、夫婦はひっそりと人情の町を出ていった。

「彼らは、涙橋を渡ったのかなぁ」

「たぶんね」

立会川という場末の町の、人の心の暖かさに、涙橋を渡る二人が感謝の涙を流しただろうことは容易に想像がつく。

こうして、吉冨の前から、立て続けに三つの家族が姿を消したのである。「第二太閤」「オス・メス予想のN」、そして居酒屋の夫婦……。

生みの母の死

しかし、姿を消したのはこの人たちだけではなかった。吉冨はこのころ、生涯取り返しのつかない別れをしている。

一九八四年四月三日、吉冨の生みの母親が亡くなった。死因は、入水自殺であった……。

私がこのことを吉冨から知らされたのはずいぶん時が経ってからだった。いくら親しくともなかなか話せることではない。聞いて私は、かける言葉を失った。

「母は、親父と別れて家を出たあと、大阪の堺市で再婚し、幸せに暮らしているとばかり思っていた。なぜ、そんなことになったのか、頭が真っ白になった」

吉冨は生みの母が自分を愛していることを知っていた。母が家を出てしばらくして、堺市にいる母を恋しさ一心で、一度だけ訪ねたことがあったのだ。

「物心ついて初めて見る母の顔が俺にそっくりだった。俺の顔を見て泣きそうになった母を見て、自分を愛してくれていると子供心に確信を持った。嬉しかった」

母の死を伝えられて、吉冨は号泣した。「予想屋なんてやってていいのか」と激しく自分を責めたのである。

吉冨には四歳年上の兄がいる。母親が家を出たあと、家計はいよいよ苦しくなった。中学生の兄が新聞配達と繊維工場のアルバイトで暮らしを支えたのである。しかし兄とてまだまだ子供だ。どうにも辛くなって生みの母親の元へと去ってしまう。吉冨とはこの時点で離ればなれになる。兄は中学を終えると繊維工場に就職して家計を助け、年頃になって社内結婚をして、共働きで仲良くつましく暮らしていた。吉冨はその真面目で一徹な兄に金を借りに行ったことがあった。馬券狂いでコレヨシの事業が危うくなったころである。

「どうしてもつなぎ資金が足りないんだ。十万円貸してくれないか」

自社のパンフレットを見せて懸命に説明する吉冨に兄が言った。

「わかった。用意するから、明日来てくれ」

当時の十万円といえば、結婚したばかりの若い夫婦にとっては途方もない金額である。

「工面するのも、大変だったはずだ」

翌日指定された喫茶店に行くと、兄と一緒に生みの母親が待っていた。兄が十万円をポケットから出してテーブルの上に置く。すると、生みの母親が吉冨に言った。

「二度とお兄さんには近づかないで。これを最後に兄弟の縁を切りなさい。親子の縁もこれまでです」

生みの母親は吉冨の嘘を見抜いていたのである。母親の直観で吉冨の危ない性癖を知っていて、純朴な兄から遠ざけようとしたのである。母は言いながら涙ぐんでいた。

「そのとき、俺は出された十万円を取ってしまった。母親にそこまで言われてるのにだよ」

「ひとでなしだな」

「その足で園田競馬場に行って、全額ぶち込んでしまった」

翌日の手形決済にどうしても四十万つくらなければならなかったのである。

その日以来、吉冨は兄と会っていない。再会するのは、それから三十年後の父親の葬儀のときになる。

吉冨の母の遺体は身を投げた堺市浜寺の海岸から、かつて吉冨の住んでいた泉大津の港に流れ着いたのだという。

「最後の愛で、死んで俺をいさめにきたのではないかと思うと……」

話しながら、声を詰まらせる吉冨だった。

遠い昔、乳飲み子の吉冨を抱えて鉄道自殺を図った母が、海に身を投げて命を絶った。どうしてこんなことになったのか。悔やんでも悔やみきれない。胸の張り裂ける思いだった。吉冨の心にどうしようもない虚無がまたひとつ忍び込んだ。

――この話には後日談がある。それは最終章で述べることにしよう。

脱スピード指数

「走破タイム」の話にもどる。

「スピード指数」の呪縛から抜け出して、いかに「予想から曖昧さを排除するか」が吉冨の取り組む大テーマであった。「走破タイム」は絶対ではないが、そこから一歩踏み込んだ能力比較の方法はあるはずだ。

吉冨はこう考えた。

どんなレースでも、馬は決められた距離を走っている。どのレースで何秒負けたか、あるいは何秒先着したか。その戦績は競馬予想紙の成績欄「馬柱」に載っている。一般競走ならだいたい四走前ぐらいからの成績が載っており、三歳のクラシックレースなら初出走以降の全成績が載っている。

ちなみに、日本の競馬専門紙の「馬柱」は世界に例を見ないほど完成されたものだ。勝馬予想に欠かせない情報が満載である。私など一晩中見ていても飽きがこない。小さな長方形の枠の中にビッシリ並んだデータが何かを語りかけてくる。面白い。大方の競馬ファンも週末の夜は競馬予想紙をにらんでは、ああでもない、こうでもないと悩みながら、大いに楽しんでいるのではないか。

アメリカの文豪アーネスト・ヘミングウェイも競馬をこよなく愛したひとりだ。「レーシング・フォーム」は最高の推理小説である」と言ったのは彼だ。「レーシング・フォーム」とは出馬表のこと、早い話が日本の競馬新聞である。日本と違うのは成績データがあるだけで、予想はしていない。

吉富はこの「馬柱」と日々格闘していて、ある日、ついに、

「実際に勝った馬よりも、能力的に上だった馬がいる」

ことに気付いたのである。

どういうことか、実際にあったレースを例に説明しよう。

それは、二〇〇四年の十一月に行われた二つの重賞レースである。ひとつは十一月三日に大井競馬場で行われた「JBCクラシック」。もうひとつは十一月二十八日に東京競馬場で行われた「ジャパンカップダート」である。ダートのグレードレースの中でも最高峰のレースである。

吉冨はこの二つのレースに出走した二頭の人気上位馬、タイムパラドックスとアドマイヤドンの着差に注目した。

「JBCクラシック」ではアドマイヤドンが一着、大外を回ったタイムパラドックスは追い込んで届かずの三着。ところが「ジャパンカップダート」では、内を突いて追い込んだタイムパラドックスが先行するアドマイヤドンを捕えて、見事に一着。二頭の馬の順位がきれいに入れ替わったのである。

お気付きだろう。コース取りの外と内、タイムパラドックスはこの差で逆転したのだ。つまり、コースの内と外では走る距離が大きく異なってくる。気付いてみれば意外に簡単なことだった。

もうひとつ、典型的なレースを紹介しよう。

二〇一五年秋の天皇賞と同年のジャパンカップ。この二つのレースにラブリーデイとショウナンパンドラが出走していた。天皇賞の一着馬は8番枠のラブリーデイ、15番枠のショウナンパンドラは1馬身3分の1差の四着だった。ところがその四週間後に行われたジャパンカップでは、同じく15番枠のショウナンパンドラが一着、1枠のラブリーデイは、クビ、クビ差の三着と順位が入れ替わった。なぜか。天皇賞ではショウナンパンドラは四コーナーで大外をまわして距離を大幅に損している。ジャパンカップは中段後方につけ、距離ロスもなく四コーナーを回った分だけ、天皇賞の差を縮められたのである。逆転して何の不思議もなかった。

しかしこの簡単な理屈を、馬柱のデータだけから導き出すために、吉冨はそれこそ十年近い年月を要したのだった。簡単な事実とはいえ、その事実に気付いただけでは、何の進歩もない。その気付きを基にさらに思考を深めることができてはじめてプロなのである。

吉冨はひとつの結論に達した。

あるレースにおいて、「どの馬が楽に走り、どの馬が苦しかったのか」――これがわかれば、レースの結果を「本来の着順（＝能力どおりの着順）」に翻訳することができる。負けた馬の中から、「本当は強い馬」を探し出せるのである。

「ずっと悩まされてきた走破タイムのウソとその謎が解決できたんだね」

「この考え方で馬の能力を数値化していくと、スピード指数で説明できなかったレース結果も、納得のいく答えを得ることができた」

「具体的な作業としては、スピード指数を実走距離の指数で修正していくわけだね」

「それだけじゃないんだけど、まあ、そう考えてもらっていい」

「成績は悪いが隠れた実力馬を、馬柱から見つけ出すことができる」

「そういうことだね」

「いつごろに、その理論は確立されたわけ？」

「一九九〇年代の半ばごろかな」


吉冨が予想屋の世界に入ったのは一九七六年のことだから、ざっと十五年以上の年月を要したわけだ。この予想理論は後に、『実走着差理論』として開花することになる。

一九八〇年代の末期ごろ、コトブキのじいさんがついに引退し、吉冨は「新通社」という名の予想台に移った。ここでも、実際の予想は吉冨がやるのだが、身分は「助手」のままだ。組合の理事会で吉冨の独立が認められないのである。

上層部の嫌がらせが相変わらず続いたのは、最初の掟破りのせいもあったが、そればかりが理由ではない。吉冨がことあるごとに、予想屋組合の運営の民主化を求めて、さまざまな提言を繰り出し、幹部連中や古参の人間から疎まれたことも大きく原因している。

売上げをもっとも左右するのは、台の場所である。どの人間がどの台をとるかは、予想屋にとって死活問題だ。当時、理事長として組合を牛耳っていたのは「佐々木の予想」の佐々木洋祐である。彼が台の場所を恣意的に決めてしまう。それに対して誰も文句を言えない。吉冨は、的中率上位の者から台を選べるようにするか、あるいは抽選にすべきと主張したのである。競争原理と公正・公平の原則を取り入れるべきだと。

佐々木は吉冨の提案を無視し続けた。そのまま旧弊を押し通したのである。そして、吉冨の独立を頑として認めなかった。

「佐々木の予想」の佐々木洋祐とはどんな人物なのか、簡単に紹介しておこう。

佐々木洋祐は、二〇〇四年に七十歳で引退するまで、つねに売上げトップを維持してきたダントツ人気の名物予想屋であった。佐々木は開業医の息子として生まれ、兄弟も医師や学者などエリートぞろいというから、吉冨とはだいぶ育ちがちがう。

佐々木は浦和競馬場で、三日間連続のパーフェクト予想をやったことがあると競馬雑誌上で話しているが、事実かどうかは確認できなかった。大井の予想屋たちにも聞いてみたが「そんなことがあれば伝説になっているはずだ」と首をかしげていた。

だが、一九八八年の時点で、弟子二人にちゃんと給料（年俸三百万円と二百万円）を払って、なおかつ自分の年収も一千万円を超えると話していることから、この世界の大変な実力者であったことは間違いない。

佐々木はその実力を背景に競馬組合の理事長を長いこと務め、予想手法の理論化と予想屋組合の整備に力を注いだ。たしかに功労者なのだが、反面強引な組合運営で、組合員からの批判も少なくなかったという。

大井競馬場の予想屋は、前にも書いたが、競馬場の正史から外された日陰の存在である。組合はあるが、それとてあくまで任意の団体にすぎなかった。それを法的にオーソライズされた団体「協同組合ホースレースリサーチ東京」という協同組合組織に改組したのも吉冨である。

吉冨は助手になって間もないころ、組合改革派の一人、「ザトップ」の藤田徹といっしょに銀座にある商工中央会（東京都中小企業団体中央会）に何度も足を運び、協同組合の結成にこぎつけた。組合規約の原案作りも吉冨と藤田が手がけている。

佐々木は、そうした革新的な言動を取る吉冨とは初めからソリが合わなかったようだ。実力は認めても、吉冨の提言をほとんど受け入れなかった。

だが、吉冨はめげない。ようやく予想の混迷から脱しつつあった。

第8章　「ゲート・イン」の船出

「トゥインクルレース」はじまる

一九八六年（昭和六十一）の夏、大井競馬場に一大転機が訪れる。七月三十一日、本邦初のナイター競馬「トゥインクルレース」が始まったのである。レースの時間帯が大幅に繰り下げられ、午後三時ごろから始まって、終了するのは夜の八時半ごろ。

できたばかりのピカピカのスタンド、馬場を明るく照らすカクテル光線。おしゃれな飲食店が新しく店開きし、場内中央のステージでは毎夜華やかなアトラクションも繰り広げられる。

前日の朝日新聞夕刊が「トゥインクルレース」の開催を取り上げ、次のように書いている。

「日本で初」と銘打って31日から東京・大井競馬場で始まるナイター競馬。年々人気が落ち込んでいる地方競馬のばん回策で、主催者は、勤め帰りのサラリーマンに生ビールを片手にレースを楽しんでもらえる、と強気の皮算用をはじいている。（中略）

大井競馬（特別区競馬組合主催）は、目下ジリ貧の状態。ハイセイコーブーム直後の50年代前半には100億円を超えたこともある年間の収益は、最近では5分の1の20億円にまで転落。観客数もピーク時の半分以下の1日平均約1万4000人に落ち込んでいる。そこで、巻き返し策として、実現したのが、このナイター競馬だ。（中略）

ナイター開催に合わせて、総工費約50億円を投入して競馬場を一新した。このうち、照明だけで30億円。スタンド屋上には投光器495台、コースに沿って35メートルごとに、高さ18メートルの照明灯45基（投光器計675台）が取り付けられ、照度はホームストレッチが1800ルクス、各コーナーが1200ルクス、走路が800ルクスに。ちなみに、後楽園球場がバッテリー間2000ルクス、内野1000ルクス、外野1080ルクスで、ほぼ野球のナイター並みの明るさだ。カクテル光線に映えるよう、コースの砂も白い砂に入れ替え、地方競馬では初めての大型カラービジョンも設置した。

2016年12月28日。大井競馬場の「トゥインクルレース」

この記事からも、大井競馬場が歴史的な変貌を遂げた様子がまざまざと伝わってくる。

なにより変わったのは、客層が若くなって雰囲気が一変したことだ。家族連れの姿も増えた。その筋の人間の数も激減した。

大井競馬場はギャンブルおやじの鉄火場からおしゃれなデートスポットに変わったのである。テレビの報道陣も続々とやってくる。面白い話がある。テレビ朝日の取材記者が予想屋にインタビューをしたときのことだ。

「ナイター競馬に変わって、どうですか？　女性客も増えたようですね」

記者に聞かれて、「天狗の予想」という台の親父がぶっきらぼうに言った。

「女、子供の来るところじゃねえ」

「天狗の予想」は元博徒だ。大井競馬場がチャラチャラした雰囲気に変わっていくのを苦々しい思いで見ていたのである。

この発言がそのまま放映され、予想屋組合の理事会で大問題になった。本人は「まさか、そのまま流されるとは思わなかった」と弁解したが、関係方面に謝罪するはめになった。

時代が変わったのである。古い博徒の感性のままでは、ここ大井でさえも生きていけなくなった。

驚くのは、観客動員数が中央競馬のそれをしのぐ日があるほど激増したことだ。それまで中央競馬の観客数を超えるのは、「有馬記念」が終わったあとに開催される暮れの「東京大賞典」くらいのものだった。主催者の皮算用は見事に的中したのである、ちなみに、トゥインクルレースが始まって三週目の八月十七日（日曜日）の入場人員は二万四四二四人。この日新潟競馬場で行われた中央競馬の入場人員は一万五〇〇〇人だった。大井のほうが一万人ほど多い。

大井競馬場はハイセイコーブーム以来、久々の活気を取り戻す。時代はバブル経済の真っ只中、六本木のディスコハウス「マハラジャ」で扇を持った女たちが腰を妖しくくねらせ踊り狂っていた時代だ。NTTが上場し、三〇〇万円という高値をつけたのは翌一九八七年三月のことである。

トゥインクルレースが始まって二年後の一九八八年（昭和六十三）六月、八〇年代最大の贈収賄事件「リクルート疑獄」が発覚。会長の江副浩正が逮捕される。

バブルに酔う株式市場では、どんなクズ株でも値上がりする異常な時代だった。私の知人の焼鳥屋のオヤジは、この時代に億単位の蓄財ができたらしい。そうなれば、誰もオヤジなどと気安く呼べなくなる。取り巻き連中は、社長、社長と持ち上げるのであった。

新興情報産業リクルートの不動産子会社「リクルートコスモス」の未公開株は、貰う側には濡れ手に粟の大儲け確実な株。これが政・官・財、合わせて一〇〇名近い人間に配られ、全員が巨額の利益を手にしたという事件である。

「諸君！　諸君はリクルートに負けていいのか！」

吉冨が台の上から吠える。

客はキョトンとしている。ここは競馬場である。馬券とリクルートが何の関係がある？

「競馬場のいいところは、資本の論理が通用しないということだ」

ちょうどこの時刻、私も吉冨の台の近くに着いた。一〇〇人近い群衆が吉冨の台を囲んでいる。

「いいか、諸君。ここじゃ、名刺の肩書きなんか通用しない。大社長も失業者も同じ条件で戦っている。江副が来て株をばらまいてもどうにもならない。みんな同じオッズのもとで勝負している！」

「江副、出てこい！」

客の一人がまぜっ返す。

「諸君だって、まかり間違えばリクルートの株を貰えたかもしれない。ちょっとした運命の綾だ。好きで貧乏人の子に生まれたわけじゃないだろう、好きで失業しているわけじゃないだろう。俺だって、流れ流れていつの間にか、東京のどんづまり、大井の隅っこで予想屋をやっている」

どっと笑いが起きる。

「いいか、諸君！　未公開の株は、ここ大井にはころがっていない。自分の才覚一つで勝ち残るしかないんだ！　シャバより競馬場のほうが美しいってのは、そういうことだ」

おお！

「シャバより競馬場のほうが美しい」――なんという奇抜な修辞学。

「馬は必死に走る。美しいじゃないか。競馬がインチキだなんていうやつを、俺は許さない。シャバのほうが、よっぽど悪どいじゃないか！」

客の間から拍手が湧く。学生らしい若い二人連れが感心してうなずいている。

傍で見ていて、私は思う。

――この若者たちの将来も危うい……。

今日の吉冨は予想が当たっている。余裕で人生論をかましているのである。

「およそ資本主義社会において、あらゆる利潤はその労働力の搾取を否定できない。したがって、稼ぐ金より、勝つ金が美しい」

う～ん、「稼ぐ金より、勝つ金が美しい」――なんと蠱惑《こわく》的な響き。

吉冨は、学生の一時期東洋思想に傾倒し、西田幾多郎を読みふけった。ニーチエやショーペンハウエル、フロイトも渉猟した。エーリッヒ・フロムの『自由からの逃走』は愛読書だそうだ。前代未聞の予想屋である。

秋後半に入り、吉富の予想がすこぶる好調となって、さらに大勢の客が吉富の台を囲むようになった。

『平凡パンチ』で全国デビュー

同年の十月、吉富は思いもかけないかたちで全国デビューを果たす。若者の雑誌『平凡パンチ』が吉富を取り上げたのである。

『平凡パンチ』は一九六四年の創刊以来、若者に先端のライフスタイルを提案して絶大な人気を呼んだ雑誌だ。五〇代以上の男性で、この雑誌を知らない人はいないだろう。妖艶なヌードグラビアに失神するほど興奮した少年たちも多かったはずだ。

手元に『創造の四十年――マガジンハウスのあゆみ』という株式会社マガジンハウスの社史がある。その中の『平凡パンチ』の創刊に関するくだりに次の記述がある。

「(一九六〇年代半ばころの)政治の不安定と経済の安定は、社会に価値観の混乱をもたらすことになり、その混乱の中から、新しい文化の芽ともいうべきものがつぎつぎとあらわれるようになった。ビートルズ、人間衛星、べ平連、アイビールック、みゆき族、ポルシェ、小澤征爾、トランジスタ、インスタント、ツイスト、ガロ――どこかきなくさい空気のただよう社会に、そんな新しいことばがどっとあふれだした。とりわけ若者たちは、そうした新しい動きに敏感だった。そしてベトナム戦争反対からアイビールックにいたるまで、政治や文化、風俗の動きはほとんどの場合アメリカを震源地としていたから、若者のアメリカに向ける視線はするどく、また熱っぽかった」

吉富と私が高校二年生のときである。このあと、「ヒッピー」「全共闘」「七〇年安保」の時代がやってくる。ちなみに私が学校を出て入った企業が、ここにでてくる「アイビールック」のＶＡＮという会社である。

平凡パンチに吉富の記事が載ったのは、それから二十四年経った一九八八年、彼が四十歳のときだ。

記事のサブタイトルは「パンチが注目する明日のスターたち」。

明日のスター？　だと。

パンチの編集者は慧眼なのか、それとも節穴だったのか？

ともかく記事を見てみよう。メインタイトルがこれまたセンセーショナルである。

「都市のどん底に咲いた見果てぬ夢。そして勝利――南関を舞台に闘う予想屋」

本文はこうだ。

「南関東・公営大井競馬場。この場内に立ち並ぶ予想屋たちの中に、その人はいた。ひときわ大きな声を張り上げる吉冨さん。彼の周りにはとりわけ客が群がっている。『諸君、しっかり目ん玉ひんむいて考えようじゃないか。中央競馬にだまされちゃいけない。アメリカじゃダートがメインなんだ。誇りを持とうじゃないか。ここが、おれたちのすべてなんだ。……さっ次のレースだけどな』おおげさなアクションに驚きながらも、いつの間にか彼のテンポに引き込まれてゆく（中略）」

吉冨がこの口上でアメリカを引き合いに出しているところが時代を反映している。日本のホースマンは言うに及ばず、多くの競馬ファンにとっても、競馬といえば芝のレースが上位で、ダートレースは一段下に見られている。理由はわからないが、ダートレースの馬券は買わないという人もけっこう多い。吉冨はその不当な風潮に異議申し立てをしているのだ。ダートレースをバカにするなと。アメリカじゃ、ダートが主流なんだと。

こういう意外な視点・型破りの着想が吉冨の持ち味となって彼を人気者に押し上げていた。平凡パンチの編集者が取り上げる気になったのもそれだろう。

「台上での熱っぽい口調とは違い、実際の吉冨さんからは、物静かで理知的な印象を受ける。（中略）中央のエリートサラブレッドと地方の力馬。この対比を、そのまま彼のお客にダブらせることは容易だ。現代の底辺に住む人々。人なみの夢にさえ見放され、疲れきってしまった男たち。（中略）明日の生活費も定かではない男たちが、その金のすべてを彼の予想に賭ける。彼らの前にいる英雄もまた、見果てぬ夢を追う。後には退けない」

大井競馬場に群がる人々＝夢に見放され疲れきってしまった男たち。いかにも定型の見方には苦笑を禁じえないが、書いた記者の責任ではない。世間がそう見ているのだ。彼はそうした世間の意識をなぞるように書いただけだろう。今の時代はもっとひどいことになっている。「現代の底辺に住む疲れきってしまった男たち」は、競馬場で憂さを晴らす金も余裕もなく、公園の炊き出しの列に並んでいる。

しかし、なんと書かれようと平凡パンチの影響力は抜群だ。以降、吉冨のところに多くのメディアが押しかけるようになった。吉冨の全国デビューである。

残念なのは、約四半世紀にわたって若者に寄り添い、鼓舞し、欲情も刺激してきた平凡パンチもこの号が最終号となったことだ。休刊、事実上の廃刊となったのである。時代の感性が同誌を乗り越えてしまったのだ。若者の目は一九七六年に創刊された『ＰＯＰＥＹＥ』に移っていた。

パンチが注目する明日のスターたち

都市のどん底に咲いた「見果てぬ夢。そして勝利」

新通社・吉富隆安(40歳) 南関を舞台に戦う予想屋

南関東公営・大井競馬場。この場内に立ち並ぶ予想屋たちの
その人はいた。

ひときわ大きな声を張り上げる吉富隆安さん。彼の周りには、とりわけ客が群がっている。

「諸君、しっかり目ん玉ひんむいて考えようじゃないか。中央競馬にだまされちゃいけない。アメリカじゃダートがメインなんだ。誇りを持とうじゃないか。ここが、おれたちのすべてなんだ。……さっ次のレースだけど」

大げさなアクションに驚きな
いつの間にか彼のテンポに引き込まれてゆく。

「納得いくまで、
おかげで女房も
子供も失っちゃいましたけど」

台上での熱っぽい口調とは違い、実際の吉富さんからは、物静かで理知的な印象を受ける。

「向こうへとへとになってゴール前を走り抜ける馬。公営のダート競馬は力の勝負ですからね。そんな馬の姿、一度見たらもうやめられませんよ」

中央のエリートサラブレッドと地方の力馬。この対比を、そのまま彼のお客にダブらせることは容易だ。現代の底辺に住む人々。人なみの夢にさえ見放され、疲れきってしまった男たち。

「彼らはきっと、お金欲しさにここに来てるんじゃないでしょう。ここで勝つことは、もっと別の意味を持ってくるんです」

どん底にいるからこそ垣間見る一瞬の夢。

「欺瞞や搾取、権威主義、甘え。そんな、今の世の中でまかり通っていることが、ここでは何ひとつ通用しない。金をたくさん持ってる奴が勝つわけじゃない。資本の論理だって関係ない」

明日の生活費も定かではない男たちが、その金のすべてを彼の予想に賭ける。彼らの前にいる英雄もまた、見果てぬ夢を追う。後には退けない。

「1か月で元金が二十数倍になる方法を研究しているんですよ。おかげで家も差し押さえられちゃったけどね。でも、いつか必ず完成させてみせます」

お客の笑顔が何よりも嬉しいと語る吉富さんは、最後にこんな歌を詠んでくれた。

いわし雲
風に吹かれて
草競馬

この日は最終レースの開催のため、川崎競馬場にやってきた

上：平凡パンチで紹介された吉冨隆安。
下：平凡パンチはこの号で廃刊となった。

吉冨はこのとき、持ち前のサービス精神を発揮して次の句を平凡パンチ誌上に披露した。

いわし雲　風に吹かれて　草競馬

期せずして、平凡パンチへの惜別の歌となった。

さて、吉冨は平凡パンチのサブタイトルのように、「明日のスター」になれるのだろうか。それとも、風に吹かれて……。

「ゲート・イン」開業

「トゥインクルレース」の開始から三年後の一九八九年（平成一）四月一日、吉冨は待望の独り立ちをする。「ゲート・イン」の開業である。

予想屋社会の掟を破り、助手の立場でいきなり予想を始めたことで、吉冨は予想屋の上層部から冷たい仕打ちを受け続けてきた。一本立ちするまで十三年も待たされたのは、仲間の反感を考慮して、理事長が吉冨の独立をなかなか認めなかったことも一因だが、吉冨が予想組合の民主化を叫び、旧弊や利権を破ろうとしたことが幹部たちに嫌われたことは前にも書いた。

そして、吉冨にやっと与えられた台の場所は、集客に最も不利な場内の最奥地であった。照明の明かりもあまり届かない最悪のスポットである。

しかし、この場所でやるしかない。

（見ていろ、こんな場所でもぜったい客を集めてみせる）

逆境でこそ奮い立つ吉冨なのである。生きづらさを逆バネにして生きてきた男だ。そうでなければとっくに人生は終わっている。

吉冨がほかの予想屋と一味ちがうのは、研究熱心なところと進取の気質にある。それまでの手法に飽き足らず、なにか工夫をほどこすのである。それも細部にこだわる。

「ゲート・イン」のスタートに当たって、吉冨はまず、台そのものの改善を試みた。予想屋の優劣を決めるものは、レース予想の口上である。その口上をより可視化しようと考えたのである。

大井ではほとんどの台が、白い紙の出馬・予想表を張り出している。それがオーソドックスなスタイルだ。十レースあれば、十枚の予想紙。レースが終わると一枚ずつ剝がしていく。しかしその紙面は、市販の競馬新聞を簡素にしたものである。客はみな、新聞は買って持っている。吉冨は台に貼る紙は不要と考えた。

紙をやめ、グリーンボード（黒板）に替えた。そして、出走枠の色と同じ色のプラスチックを馬の形にくり抜き、小さな馬型ワッペンをこしらえた。裏面に磁石を貼り付け、グリーンボード上で走らせるようにしたのである。

ちなみに、日本の競馬では1枠・白、2枠・黒、3枠・赤、4枠・青、5枠・黄、6枠・緑、7枠・オレンジ、8枠・ピンクと色が決められており、騎手の帽子の色も同じである。吉冨は馬そのものをこの色で識別できるようにした。つまり、展開予想のビジュアル化である。

客はボードに置かれた八色の馬の位置取りで、レース運びが手に取るようにわかる。三コーナーでどん尻だった赤色の馬が四コーナーでは先頭集団にとりついている。先頭を走っていた黄色の馬が四コーナーで脱落する。グリーンボード上で吉冨に操られて馬たちが走る。グッドアイデアであった。

ところが、誤算があった。大井競馬場は、品川の海が近いこともあり、強い風が吹くことがめずらしくない。強風でプラスチックの馬が飛ばされてしまうのである。吉冨が予想を中断して、飛ばされた馬を追いかける。そのあわてる様が客の笑いを誘った。それは、裏の磁石を極力薄くすることで解決した。風圧に負けないようにするには、磁石を厚く重くするより、薄く軽くするほうがいいのである。

馬の模型を使った展開予想は、「わかりやすい」と場内の客の評判を呼んだ。徐々に真似する予想屋が増えていった。

反面、改革に犠牲はつきもの。紙に出馬表を書く専門の業者がいたのだが、吉冨のせいでしだいにその仕事が減り、やがて紙を使う予想屋がいなくなった。吉冨は、仕事をなくした専門業者に深く恨まれた。

吉冨の小さな改善がもうひとつある。看板の「ゲート・イン」という文字の頭に、知り合いのデザイナーにつくらせた格好いいロゴマークを付けたのである。とても見栄えがよくなった。しかし、たちまち仲間から横槍が入り、せっかくのロゴマークを削らされた。「お前だけ、なんだ！」というわけである。改革・改善に邪魔が入るのは世の常である。みんなも、ロゴマークをつければいいだけのことなのに。

予想数字の印字を最初に機械化したのも吉冨だった。小さく切ったわら半紙にスタンプで手押しする予想屋独特のあのスタイルをやめ、ハンディ・プリンターに切り替えたのである。これで手がインクで汚れることもなくなった。

そのあとも、予想紙の自動印刷（それまでは手書きで作ったものをコンビニでコピーしていた）、会員への予想の電話配信、そしてメール配信と矢継ぎ早に手法の改善に取り組んだのである。いわば、時代のＩＴ化にすばやく対応していったのだ。

こんな具合だから、良きにつけ、悪しきにつけ、吉冨の一挙手一投足は、予想屋仲間の注目の的になる。むろん、妬みそねみも伴った。

ゲート・インの最大のハンデは、場所の不利に尽きる。一コーナーの近く、大井競馬場の最深部で、照明も薄暗い。客の大半はパドック回りとスタンド席を回遊し、ここまでやって来る者は少ない。にもかかわらず、滑り出しから他を圧する客がゲート・インに集まってくる。完成途上とはいえ、「実走着差理論」もしだいに威力を発揮し始めた。

なにもかもが、うまく転がり始めたようだ。前述したように、この前後から、競馬ジャーナリズも吉冨に注目するようになった。

「大井に、面白い予想屋がいる」

一九八九年の暮れ、中央競馬の有馬記念で大井出身のイナリワンが優勝した。翌日、ゲート・インに集まった大勢の客を前に吉冨は、こう吠えた。

「諸君！　きのうの有馬記念の結果を知っているな。イナリワンが勝った。諸君はイナリワンのことをマル地だと思ってバカにしてただろう。スルーオダイナなんか買ったんだろ。じゃあ聞くが、この中にマル地じゃない馬がいると言うのかよ。馬なんてみんな北海道で生まれたマル地じゃないか。イナリワンはな、東京もど真ん中、それもおしゃれなベイエリアの育ちよ！」

「マル地」というのは、地方競馬から中央に転籍した馬のことをいう。ハイセイコーやオグリキャップなどがそうだ。「スルーオダイナ」は前夜の有馬記念に出走した超良血馬。マル地のイナリワンが中央の血統馬を蹴散らして優勝したことを祝して、吉冨はこの大演説をぶったのである。

私もその場にいたが、あれは、なかなか決まっていた。吉富の数ある名口上の中でも、三本の指に入るのではないか。

「イナリワンはな、東京もど真ん中、それもおしゃれなベイエリアの育ちよ！」

マル地の馬をおしゃれなベイエリア育ちと持ち上げ、心から祝福する吉富。

わかる、その気持ち！　吉富も、内心は、有馬記念のような晴れの大舞台で、イナリワンのように優勝して、ざまあみろ！と、世間に対して威張ってみたい。

同じマル地でも、ハイセイコーは天下のアイドルホースとなったが、イナリワンは実力の割に人気が出なかった。なおさら、肩入れしたいのである。

華やかな「トゥインクルレース」が始まり、話題のデートスポットにまでなった大井競馬場。競馬などそっちのけで、このあとホテルをどこにするかで頭がいっぱいの男と女。荒んだ鉄火場の匂いも、明るいカクテル光線の中にすっかり溶けていったかに思われたが、さにあらず。その見方は少し甘かったようだ。

このあと、生母の死の衝撃をうわまわる惨事が吉富をおそう――。

第9章　「実走着差理論」

長男・高志との再会

ここで、ぜひとも書かねばならないエピソードがある。ウソのような本当の話である。もっとも、見てきたように、吉冨の半生にはこの手の逸話が多く、それが彼の人生に何とも言えない陰影を与えている。それがこの男の魅力だ。重ねた不始末を肥やしに生きる不思議な男なのだ。

吉冨が「実走着差理論」と名付ける予想理論を確立させたのは、九〇年代半ばのことだ。その数年前に、理論構築の飛躍をもたらしたある人物との再会があった。その出会いがなければ、「実走着差理論」の研究はそのまま停滞を余儀なくされたかもしれない。それほど重要な人物だった。といっても、その人物は競馬関係者ではない。

その人物は、顔にまだニキビの痕を残す、初々しい青年だった。別れた最初の妻、和美との間にもうけた男の子、高志である。

一九九二年の早春、高志は大学受験のため大阪から東京へやって来た。入試を終えたその足で、大井にいると聞く吉冨に会いにきたのである。高志は、自分の父が乳呑児の自分を捨てて東京へ逃げた過去を母親から聞いている。小さいころ、母の背中におんぶされて東京にいる吉冨に会いに行ったことはすっかり記憶の中から消えていた。そしていま、その父親が、大井競馬場の予想屋をやっているらしい。

高志は、話に聞くだけで、はっきりした輪郭を結ばない吉冨の実像を確かめたかった。自分を捨てた父親をとにかく自分の目で見てみたい。その人となりを肌で感じてみたい。いったい、自分の父親はどんな男なのか。予想屋というのはどんな職業なのか。大学入試に受かるかどうかもさることながら、そちらのほうも大いに気になっていた。

「高志くんは、事前に連絡しないで、直接、大井競馬場にやって来たの?」

「そう。だって前妻には住所も何も教えていないから」

「そうか、そうだろうね」

「あとでわかったのだけど、新幹線を使わず、オンボロのオートバイで大阪から走ってきた」

「あなた、驚いただろうね」

「台の前で、若い学生がこっちをじっと見つめていたのは気付いていた。どうも客ではなさそうだとね」

最終レースの予想が終わって客が台の前から引いたとき、その若者がツツーと寄ってきて吉冨に向かって言った。

「高志です」

「……」

吉冨は絶句した。

「すぐ、わかった。俺の息子だってね」

吉冨はうろたえた。言葉が出ず、やみくもにうなずいただけである。それにここは、いくらなんでも、十八年ぶりに会った息子と話す場所として、ふさわしいとは言えない。

（う～ん、どうするか）

そのときだ。台の裏側で二人の話を聞いていた一人の男が、前に回ってきて言った。

「ハ～イ、トミ」

池尻大橋のライブバー「チャド（旧ロビンズ）」のオーナー、本田であった。とにかく、いつも陽気な男である。

「高志くん、はじめまして。お父さんの友人の本田です。悪かったけど、話を聞かせてもらった」

「あッ、どうも」

高志がぺこりと頭を下げる。

「トミ、もう少し時間かかるよな」

本田は、高志を自分の店に連れて行くから、あとで来てくれと吉富に言った。このへんは阿《あ》吽《うん》の呼吸だ。吉富は救われた思いで、高志にむかって大きくうなずいた。

「OK！　高志くん、行こうぜ！」

本田が笑った。

たまたまこの夜、私もチャドで飲んでいたのである。本田と高志が店に入ってくる。

「ハ～イ、斎藤ちゃん。紹介するよ。この子、トミの息子、高志くんだ」

「エエッ！」

私は、のけぞる。まじまじと高志の顔を眺めた。吉富に似ている。だが、はるかに理知的な顔立ちをしている。

「トミは？」

「すぐ来るよ。高志、何を飲む？」

本田はもう、高志を気安く呼び捨てにしている。

ほどなく吉富がやってきて、高志と二人で窓際のテーブル席に座り、話し始めた。吉富が次々とビールグラスをあける。照れを隠さないといけない。涙など、流したくない。高志も付き合ってグラスを勢いよく干す。

見ていて、なかなか、いい光景だった。

気付くと、カウンターの中で本田が目を赤くしている。それを見て、私も泣きたくなった。

「高志、腹へらないかぁ、なんか食べろよ、つくってやる」と本田。どこまでも、やさしい。

夜も更けて私は途中で帰ったが、本田と吉冨親子二人は徹夜で話し込み、明け方、並べた椅子の上で川の字になって眠った。

それにしても、本田はなぜ、こんなにも親身に、初対面の高志の世話に心を砕いたのだろうか。日ごろ、それほど世話好きの男には見えなかった。

その訳がある。実は本田もまた父子家庭に育った子供だったのである。父は産婦人科の医師。本田がまだ乳飲み子のころ、母親が家を出たきり帰らなかった。父親はその後ずっと独り身を通して先年亡くなった。本田もまた、吉冨同様、母の愛情を知らずして育った子供だったのである。

本田の容貌は日本人離れしていて彫が深い。ハーフと間違える人も多い。父親が生涯、本田の母について何も息子に語らなかったこともあって、いつしかまわりが、本田の母はイタリア人だったらしいと噂するようになった。本田自身も長いこと、自分はイタリア人の母から生まれたハーフだと信じ込み、まわりにも半ば自慢げに吹聴していた。私も本田からそう聞かされていたひとりだ。

ところが、ずっと後年のことになるが、本田が五十の半ばを超えたある日、突然名も知らぬ弁護士から連絡があり、「あなたのお母さんが会いたがっている。会う気はあるか」と言ってきたのだ。

本田は驚いた。青天の霹靂《へきれき》とはこのことだ。母親が生きていたことも衝撃だったが、その母がイタリア人ではなく、れっきとした日本人であったことに、もっと驚いた。

(俺は、ただの日本人だった……)

本田と母親の再会は、吉冨親子の再会からほぼ十年後の出来事だった。高志をまるでわが子のように可愛がった本田への、神様がくだされたご褒美だったのか。

本田は同じ境遇の吉冨に、最初に会ったときから特別な親近感を抱いていた。吉冨の得意なフレーズで言えば、「俺たちは戦友じゃないか」ということになる。戦友の子供なら、可愛がって当たり前、面倒を見るのもいとわない、それが本田の心意気だ。その気持ちが高志の心にも響いたのだろう。高志が父親に対して意外なほど早く心を開いたのも、気さくで愉快な本田という存在があったからこそではないか。

(親父は、いい友達を持っている)

高志は、そう感じたはずだ——私の推測である。

吉富はこの夜、生涯最高の旨酒を味わった。
「息子は、俺を許してくれた。嬉しかった」

解けた2πrの秘密

高志は、このあと地元の大阪大学に合格し、数学を専攻することになる。理系中の理系、高等数学である。ここで、思い起こしていただきたい。十数年前、吉富が自分の主宰する学習塾「東大アカデミー」で、塾の子供たちに、「数学は実社会では屁の役にも立たない」と、へらず口を叩いていたことを。その男の息子が、なんとその「屁の役にも立たない」数学者の道を歩もうとしている。

笑えるではないか、ええ、トミさんよ！

高志は大学院を出て数学の教師となる。九州の国立大学で教鞭をとり、現在は都内の某大学で数学の教授を務める。高志は、きわめて優秀な学生だったのである。

吉富親子の再会の翌夜、私が九時過ぎにチャドに顔を出すと、カウンター席に座った吉富親子が熱心に話し込んでいた。とても打ち解けた様子だ。私も吉富の横に腰を降ろす。すると、

「2πr……」と吉富が言う。

「うん、それでいいと思う。間違っていない」と高志。

「ん？」と私は首をかしげる。

（この光景、既視感がある！）

私は記憶の糸を手繰る。いつのことだっけ、えーと、えーと……。

（そうだ！　あの晩だ）

よみがえってきた。私が初めてこの店で吉冨に出会った日、本田と吉冨の会話の中で頻繁に出てきた言葉だ。

「2πr」

途中から会話に入った私はそのとき、まったくそれを理解できなかった。今、その謎がようやく解けた。「2πr」の謎が解けたのである。

そのころ吉冨はスピード指数の限界に直面、予想の精度が低迷し、懸命に新しい方法論を模索しているところだった。「走破タイム」のウソに気付き、「実走着差理論」の入り口で、考え方の整理と計算式の組み立てに悩む日々だったのである。要素が複雑に錯綜して、なかなかまとめられない。吉冨はそれを、会ったばかりの息子にいきなり相談したのであった。

十八年前に捨てた息子と会ったその日に、その息子にあれこれ教えを乞う。聞くほうも聞くほうなら、答えるほうも答えるほうだ。いったい、どういう親子なのか？　十八年の恩讐がそんなたやすく乗り越えられるものなのか？　それが、他人が推し量れない肉親の絆なのか？

常人の私にはなかなか理解できない光景だった。

高志は吉冨の繰り出す質問に明解に答え、吉冨の不安を確信に変えていく。コーナーを回るときの各馬の実走距離、それを「2πｒ」を基にした計算式ではじく。高志が教師、吉冨が生徒。そばで本田と私も、熱心に聞き入った。もっとも高志のほうも、父親の競馬予想が、不十分とはいえ、数学的な根拠に基づいていることに嬉しくなったのかもしれない。親父は、世間の考えるただの予想屋ではないぞ。

「高志に相談して正解だった。2πｒの公式そのものは単純なものだが、そこに加えるいろいろなファクターのあてはめ方に少し、確信が持てないでいたんだ。それもほぼ解決した」

と吉冨。

吉冨の実走着差理論は、このとき、揺るがぬ確かな骨格を得たのである。数学まるでダメの私も、その内容を九割がた理解することができたほどだ。

高志のおかげである。

それにしても、高志という青年はたいしたものだと私は感服する。緻密な頭脳に、広い度量を備えている。ひと言の恨みつらみも言わず、吉冨を許した。

修羅場にも、愁嘆場にも、ならなかった。吉冨の人生のなかでも、もっとも幸せな時間だっただろう。

「実走着差」とはなにか

それではいよいよ、数学者の卵からお墨付きを得た「実走着差理論」を解説していくことにしよう。

重複することになるが、それまでの吉富の予想法に何が足りなかったのか、何が問題だったのかを、ここであらためて確認しておこう。

一つ目は、「走破タイム」のウソと、それを基に数値化した「スピード指数」が、勝ち馬を推理するうえで、厳密に言えば、ほぼ役立たずの指標であることがわかったことだ。そして、この隘路《あいろ》を突破するためにどうすればいいかに長い間悩まされてきた。考えているうちにひらめいたのが、馬がそのレースで実際に走った距離、すなわち「実走距離」だった。

コースの内を走ったのか、それとも外を走ったのか。コース取りの差で実走距離が大きく変わってくる。走った距離が馬によってかなり違うことを考えれば、走破タイムなどほとんど当てにできないことがわかる。

問題は、各馬の実走距離をどのような計算式ではじき出すかということだ。ここで「2πr」が登場するのである。

下の図1を見てほしい。一般的な競馬場のコース形態を描いたものだ。この図は左回りだが、むろん右回りのコースもある。トラックの大きさの違いはあるが、まあ、日本の競馬場はだいたいこんな形をしている。

レースは短距離走もあれば長距離走もあり、走る距離によってコーナーをいくつ回るかが決まってくる。1200～1600メートルなら二回、1800～2400メートルなら三回あるいは四回（JRAの東京競馬場や新潟競馬場は大きいトラックなので、1800メートルでも回るコーナーは二回。中山競馬場や阪神競馬場は四回）というのが標準だ。

この図1のコースを二頭の馬AとBが走ったとしよう。図のように二頭の位置取りがちがう。Aは内ラチ沿いに、Bはその10メートル外側を走る。便宜的に1～2コーナーと3～4コーナーは半円状、スタートとゴールは同じ位置

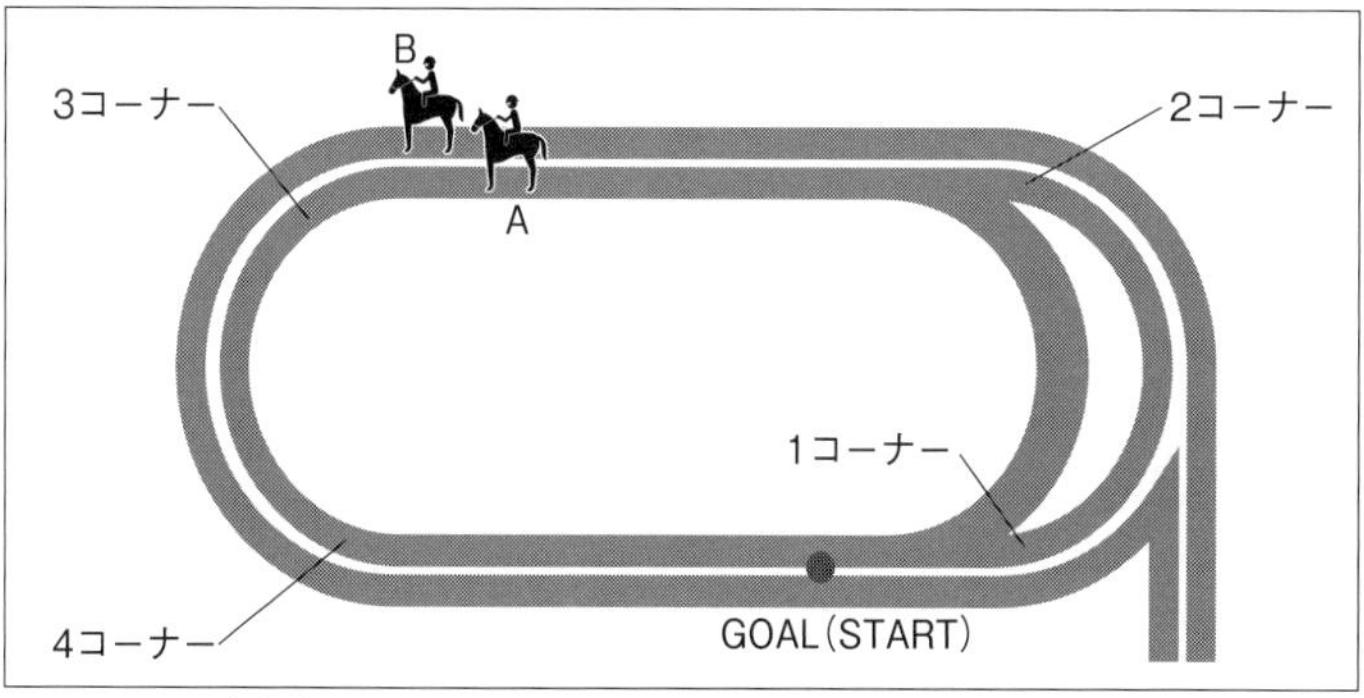

図1　JRAの東京競馬場、新潟競馬場、公営の川崎競馬場などはこの形態
出典：『「実走着差」理論』より

として、AとBでは、実際に走った距離はどれだけちがってくるか。

これは数学というよりも小学校の算数の問題だ。さして難しくない。以下は図1を見ながらお読みいただきたい。

直線距離はAもB同じ。違うのは四つのコーナーだ。つまり二つの半円を回るときに距離の差が生じる。その距離を計算するには、小学校六年生で習った「円周の公式」である「2πr」を使えばいい。πが円周率、rが円の半径であることは誰でも知っているだろう。私だって知っている。

吉冨が高志に確認したのは、この円周公式を機械的に当てはめることの是非と、レースのペース負荷とその相関数式の立て方だった（ペース負荷については後で詳述する）。

ちなみに、3~4コーナーのA・B両馬の走行距離を計算する場合、図2の計算式になる。

これでわかるように、B馬はA馬より31・4メートル多

●Aの馬が走った距離$=\dfrac{2\pi r}{2}$

●Bの馬が走った距離$=\dfrac{2\pi(r+10)}{2}$

●Bの走った距離－Aの走った距離

$=\dfrac{2\pi(r+10)}{2}-\dfrac{2\pi r}{2}=\pi r+10\pi-\pi r$

$=10\pi=10\times3.14=31.4$メートル

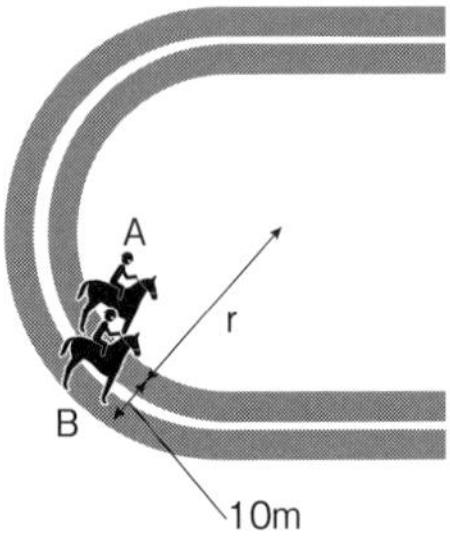

図2　コーナーの走行距離の差①
出典：同右

く走っているのだ。わずか10メートル外を回ることで、これだけの実走差が出るのである。一周すれば、その距離差は倍の62・8メートルにもなる。

　この約30メートルという距離差を着差に換算すると、いったいどれくらいになるのか。

　馬は1000メートルをだいたい60秒前後で走る。仮に60秒とすると、100メートルを6秒、10メートルなら0・6秒である。30メートルなら、「0・6（秒）×3＝1・8秒」の差がつく。競馬新聞の成績欄にある着差はこの秒差で表されている。

　ふつう、1・8秒の差がつけば、それは大差の負け、競馬では決定的な差である。

　この1・8秒という着差を馬身差に換算してみよう。何馬身の差になるのか。30メートルを馬の平均身長「2m40cm」で割ると、およそ12馬身半となる。つまり勝ったA馬がゴールしたとき、負けたB馬はその12馬身半、後方にいるということである。

「なるほど、数字で示されると、納得だね」

「数学的に検証してみると、こうなるんだ。何か、疑問ある？」

「ないよ」

「異論をはさむ余地がないよね」

「うん。だけど、実際のレースで、10メートルも外を走る馬って、そういないよね」

「そうでもないさ。多頭数で大外枠に入り、ヘタな騎手が乗ったら、大いにありうるよ」

「それもそうだ」

「じゃあ、もうひとつ、わかりやすい例を示そう。Cという馬がA馬の外、1メートルを走ったとする。これなら、よくあるケースだ（図3）」

「うむ」

「たった1メートル、外を走っただけでも、C馬は3〜4コーナーで3・14メートル多く走ることになる。馬身差にすれば、1馬身と少しだね。ゴール前ではハナ差、クビ差、アタマ差という接戦が多いのだから、この1馬身強の差は大きい。着順に大きく影響するんだ」

「コーナーを四つ回れば、倍の3馬身近くになる計算だ」

「そうそう。スタート後、ずっと内ラチ沿いを走ってきた馬が1着になり、その1メートル外を回ってきた馬がクビ差の2着に敗れたとしても、実走距離で計算し直すと、実

- Aの馬が走った距離$=\frac{2\pi r}{2}$
- Cの馬が走った距離$=\frac{2\pi(r+1)}{2}$
- Cの走った距離－Aの走った距離
  $=\pi r+\pi-\pi r=1\pi$
  =1メートル×3.14
  =3.14メートル

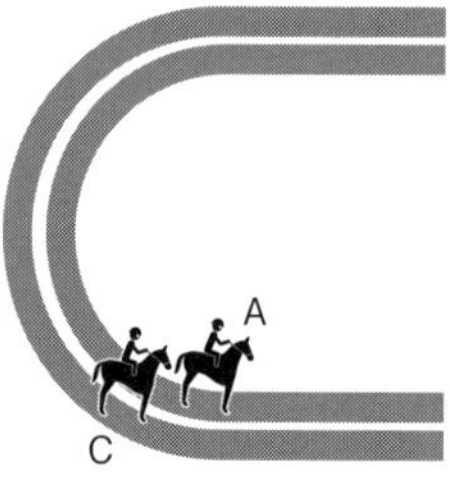

図3　コーナーの走行距離の差②
出典：同前

際は2着に敗れた馬のほうが強かったということになる」
「それが、走破タイムに騙されるな、ということだね」
「だいたいの目安にするのはかまわないが、鵜呑《うの》みにして、それが馬の能力の絶対値と思ってはいけない」

これが、「実走着差理論」の基本的な考え方である。要は、すべての馬がロスなく走ったと仮定すると、そのレースの着順はどう変わるのか算出するのである。その結果、実際の着順とはちがう着順と、馬の真の能力が見えてくる。順位があっさりくつがえるのである。

レースの格付け

先に基本的な考え方とことわったのは、「実走着差理論」は、これで完成ではないからだ。そんな単純なものではないのだ。さらに次の三つのファクターを追加するのである。

①枠順の有利不利を馬身差に換算する
②ペース負荷を馬身差に換算する
③レースを格付けして基準となる軸馬を探し出す

吉冨が「実走着差理論」の完成まで長い年月のた打ち回ったのは、これらの計算式の組み立てが困難を極めたからである。

「馬の絶対能力以外に、レースの着順に影響する条件をいくつか選び出して、それにひとつずつ対処していったんだね？」

「そういうこと」

「それをすべて馬身差に置き換えていくという発想がスゴイね」

「時計（走破タイム）を追究していくうちに馬場差（コースの砂の深さ、天候による馬場の状態や距離の違いなど）もあるし、さらにレースの緩急があると気がついたんだ。一つのレースで馬は平均的なスピードで走るわけではないからね」

「最初の『馬場差』はわかるけど、『平均的なスピードで走るわけではない』というのは、どういうこと？」

「たとえば、強い馬はスタートよくダッシュしてすばやく自分の取りたい位置につけられる。自分の位置を確保したら、今度はスピードを緩めて息を入れ、また最後の直線でドンと伸びる。ラストスパートがきくんだね」

「レースを自在に運べる。騎手の指示どおりに走れる」

「そういうこと。結果的に時計が平凡でも、その走りの内容を見てみると、強い馬は強い走り方をしているんだ」

「スピードをレースの途中で抑えられるのも、馬の能力のひとつなんだね」

「そうそう。条件が上にいけば、高い瞬発力も要求される。二着に大差をつけて勝った馬が強いかというと、必ずしもそうではなく、いつも小差で勝つ馬のほうが強いということだってある。日本の競馬史上、初の五冠馬となった名馬シンザンに大差勝ちはなく、いつも僅差で勝つ馬だった」

「なるほど、トミのそれまでのスピード指数には、そこが抜けていた」

「だから限界だった。実際には、ほとんど役立たずだった」

「時計が大事なのではなく、勝つことが大事。シンザンはそれがわかっていたのかなあ」

「強くかしこい馬は、無駄なパフォーマンスをしないということだろう」

「人間もできれば、そうありたいものだね」

「次にいこう。①の『枠順の有利不利を馬身差に換算する』というのはわかる。②の『ペース負荷を馬身差に換算する』というのは、ちょっとむずかしいな」

「レースにはペースがある。ハイペース、ミドル（平均）ペース、スローペース」

「うん。ペースによって、先に行く馬と後方から行く馬とでは有利不利が変わってくるということだったね」

「そのとおり。大外から勢いよくハイペースで先頭に立った馬が、内枠から2番手に楽についていった馬にゴール前交わされたとしても、次に枠順が変わっただけで逆転されてしまう」

「ハイペースで、無理に逃げた馬は最後の直線でタレてしまう」

「前にも言ったけれど、競馬を少しかじれば誰でもわかる、そのペース負荷を馬身差に置き換えたんだ。これが実に厄介で、複雑な作業だった」

「これの数値化について、高志君の助言があった？」

「具体的にはなかったが、発想は正しいと言ってたな」

「じゃあ、最後の③だ。『レースを格付けして基準となる軸馬を探し出す』。これは、どういうこと？」

「実は、実際にレースを予想するうえでは、これがもっとも重要なんだ。『実走着差』理論の肝となるところだ」

「うむ」

「同じレースを走った馬の能力比較については、ここまで説明してきたね。実走着差を算出すれば、それがわかる。だが、言うまでもないが、馬はいつも同じレースを走るわけではない」

「比較しようにも、できない」

「どうしたら、それが可能になるか」

「できるんだね？」

「たとえば暮れの有馬記念に、秋の天皇賞組とジャパンカップ組が出走してきたとする。どっちのレースのレベルが高かったかを調べるんだ」

「過去のレースの格付けをするということか」

「そう。レースの優劣をつけるんだ。ジャパンカップのレベルが高ければ、勝ち馬はそちらの組から出る可能性が高い」

「なるほど」

「そしてもうひとつ重要なのは、比較の基準となる『軸馬』を探すことだ。その軸馬が有馬記念に出走していればすぐ見つけられるが、出ていなくても軸馬になる馬はいる」

「ちょ、ちょっと待ってよ」

「わからない？」

「レースレベルが高いレースを買った馬が強い。これはわかる。だけど、有馬記念に出ていない馬が比較の基準になるというところが、いまいち、わからない」

「天皇賞にも、ジャパンカップにも出走して、有馬記念には出てこなかった馬がいれば、たとえその馬が有馬記念に出ていなくても、それが比較の軸馬にならない？」

「そうか！　その馬と、有馬記念出走馬との着差を見ればいいんだね」

「ご名答！　有馬記念に出てこなかった馬を頼りに、有馬記念の勝ち馬を推理していく。実に楽しいと思わない？」

ここで私はまたもやヘミングウェイの言葉を思い出した。「レーシング・フォーム（出馬表）は最高の推理小説である」。

吉冨は言う。

「実走着差とは、レースの位置付け（格付け）の中で馬の強さを計るという発想だ。これは数学的な裏付けがある、実証可能な理論なんだ。予想するレースの馬柱（図3参照）を見て、過去のレースを『実走着差』理論で翻訳し直してみると、実際の着順とは違った着順が見えてくる。こうしたレースの翻訳を地道にやっていけば、予想するレースでの軸馬が見えてくるはずだ」

どうだろう、これで「実走着差理論」を、あらかた理解いただけだろうか。「いや、よくわからん。一般のタイム理論と、どう違うんだ？」という方も、中にはおられるだろう。

吉冨には二〇〇五年に著した『実走着差理論――確固たる軸馬が決まる』（ワニブックス）という著作がある。そのなかで、ほぼ完成した「実走着差理論」を公開し、それに基づいた実際の馬券戦術を微に入り細に渡って指南している。残念ながらすでに絶版となっているが、興味のある方はネットで中古書を求めてお読みいただきたい。この章も実は、同書を底本にして、吉冨にあらためて解説してもらって書いている。

ともあれ、高志との出会いで吉冨の予想理論は一段高いところに跳躍できた。「実走着差理論」の数学的裏打ちができたからである。思えばこれは、吉冨にとってまたとない運命の再会だったといえよう。

「背負うた子に教えられ」と言ったら、吉冨は嬉しそうに笑った。

パーフェクト予想

場立ちの予想屋にかぎらず、プロの競馬評論家の夢は、全レースを当てるパーフェクト予想の達成である。

パーフェクト予想を成しとげたのは、長い競馬の歴中のなかでも、中央競馬会ではただ一人、六〇～八〇年代にかけて活躍した大川慶次郎だけである。大川は「競馬の神様」と尊称された。それほど、パーフェクト予想というのはむずかしい。確率計算したら、いったい何万倍になるのか、それこそ予想もつかない。

少し時間を戻して一九九七年十二月三十日、みぞれ混じりの雨が降り、冷え込む大井競馬場。観客もいつもよりだいぶ少ない。この日、吉冨の予想が冴えに冴えわたった。なんと、夢の完全予想を達成したのである。

次に掲げた図4はこの日、吉冨が発行した予想紙である。左上に可愛い馬のイラストが配された「ゲート・インの予想」のタイトルが見える。その下の説明書きには、「着差とペースを基準に、各馬の能力を数値化しました。数値は高いほど能力上位です（数値1差で1・5馬身差）。記載のない馬は近況不振で、▽印は休養前の力です」とある。

この記述から「実走着差理論」の確立直後くらいの時代であることがわかる。

予想紙上では三レースから最終の十レースまで、計八レースを予想している。全レース、馬連の三点予想。三点の買い目のうち、太字で囲んでいるのが当たった予想の目である。ご覧のとおり、全レース的中である。

もしこの日、吉冨の予想を三レースから転がしていたら、初期投資の三〇〇〇円が最終レースの万馬券で二億一二五〇万円に達していたことになる！

しかし、実際にそんなことをやったつわ者は一人もいなかった。あくまで机上の計算である。

ゲート・イン　パーフェクト予想
1997年12月30日　大井競馬場

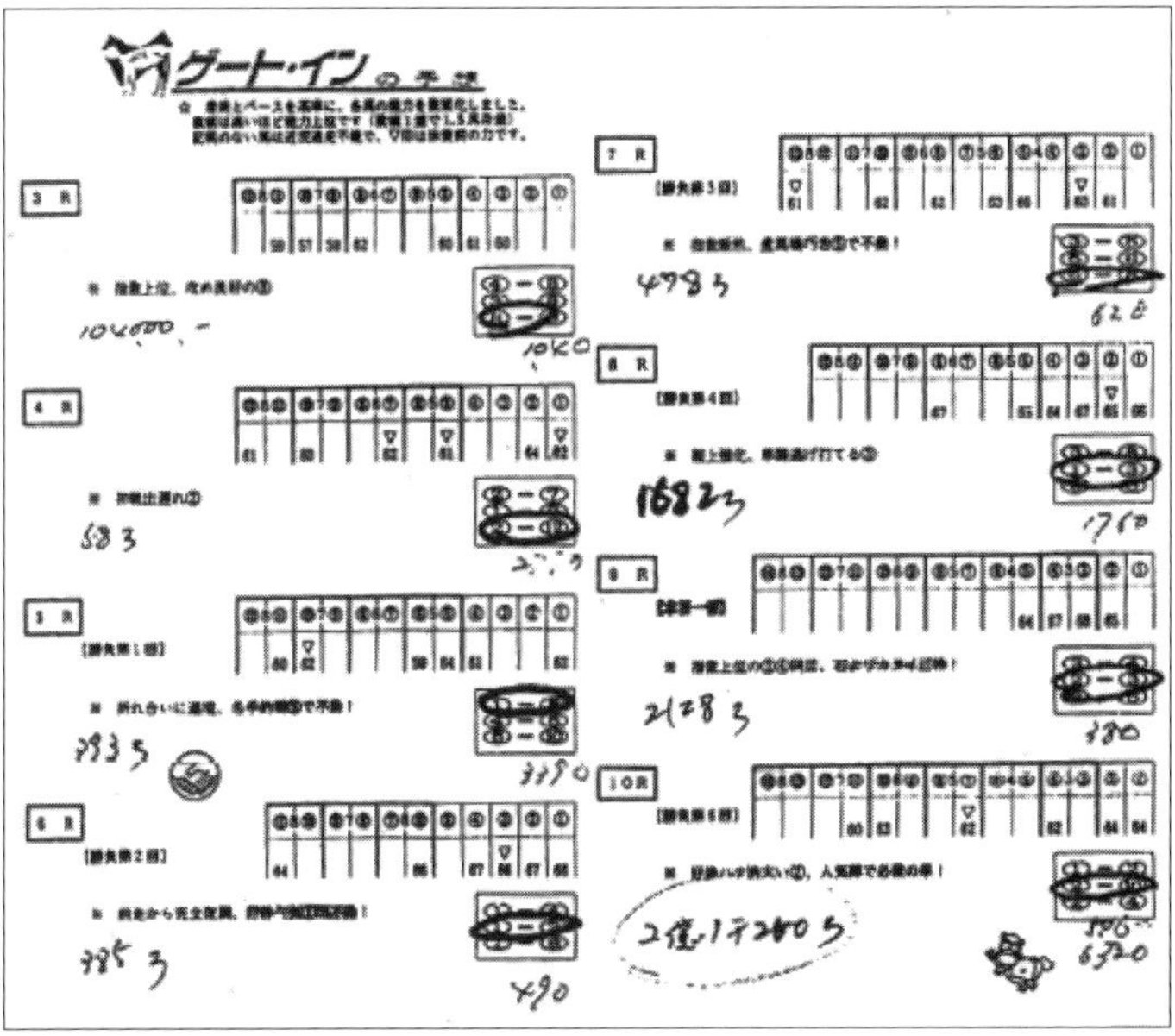

図4　パーフェクト予想を達成した1997年12月30日の予想紙

3R：予想　④―⑧、③―⑧、⑤―⑧
的中　⑤―⑧　1040円

4R：予想　②―⑦、①―②、②―⑫
的中　②―⑫　2790円

5R：予想　①―⑤、④―⑤、⑤―⑩
的中　①―⑤　3390円

6R：予想　①―④、①―②、①―⑥
的中　①―②　490円

7R：予想　③―⑤、⑤―⑥、⑤―⑧
的中　⑤―⑧　620円

8R：予想　③―⑧、①―③、③―⑤
的中　①―③　1760円

9R：予想　③―④、②―③、③―⑤
的中　②―③　380円

10R：予想　①―②、②―⑩、②―④
的中　②―⑩　5060円
（軸②からの馬単で10840円の万馬券）

「前日に東京大賞典も終わり、その日はみぞれが降る寒空だったからね、客も極端に少なかった。連続して当たり続けていたが、それほどの騒ぎにはならなかった。でも、もっと人が集まっていたら俺の買い目で買う人が増えて、最終レースはオッズが下がって万馬券（馬単）にはならなかっただろうね」

「これが実走着差理論のすごさだね」

「はまれば、これくらいのパワーを秘めている予想技術なんだ」

「驚きだ。転がしていれば二億円！」

「でも、」

「でも？」

「数年前のことだが、まったく予想が当たらなくなったことがあった。客がどんどん逃げて、よその予想屋に流れていった。あせったね。どうにも理由がわからない。ところがある日、それがわかったんだ。実に簡単なことだった」

「ふむ」

「大井競馬場は内枠が絶対的に有利なコースで、枠順の有利・不利が大きすぎる。主催者はそれを解消しようと、各コーナーに競輪のバンクのように傾斜をつける工事をしたんだ。馬場形態の改修だね。俺はそれを見逃していた。大した影響はないだろうと見くびっていた。ところが実際は四つのコーナーすべてに傾斜がつけられたら、単純な2πｒの計算式はまったく役に立たなくなる」

「そりゃそうだ」

「懸命に馬場差の修正をして、計算式を改めたら、また当たり出すようになったんだ」

「なるほど～」

「それでも、外すときは外す。それが競馬だ」

「厳しいなあ～」

競馬場の客筋

吉冨を贔屓にする固定客の顔ぶれは実に多彩だ。

会計士、弁護士、コンビニの経営者、スナックのバーテン、広告代理店の社長、本屋の主人、アパレル企業の社長、大学教授、編集者（私もそのひとり）、容疑者の足取りを追う私服の刑事、タクシーの運転手、学生、年金暮らしのおじいさん、暇を持て余している近所のおばあさん……。


競馬は人と職業を選ばない。でも、なんといっても多いのは、ダークスーツにネクタイのサラリーマンと、いわゆるブルーカラーと呼ばれる技術屋や職人たちだ。確かに大井の客層は時代を映して変わりつつある。若いカップルも増えた。彼らはそれほど馬券に熱くならず、スマートに遊んでいる。

けれど、玄人筋、その筋の人間がすっかり姿を消したわけではない。時には犯罪者も出没する。

以下は知人の元警視庁刑事から聞いた話である。元刑事の名前を仮にBとしておこう。

新聞でも騒がれた連続窃盗犯を追っていたころのことだ。犯罪者には博奕好きが多い。博奕の金欲しさに窃盗犯をする者も少なくない。その窃盗犯がいつか競馬場に姿を見せると読んで、Bは競馬場で張り込みを続けた。

「窃盗犯はあちこちで盗みに入っているから、追いかける所轄の警察署もひとつだけじゃないんだ。練馬署がいたり、池袋署がいたり、場合によっては十数署にものぼる管轄署の刑事が競い合うように競馬場のそこかしこで見張っていた。真っ先に身柄を確保した署が手柄を立てることになる。みんな功を争って必死だった」

Bは相棒の刑事を競馬場の内馬場に配置し、大きな双眼鏡で客席を見張らせたのである。というのは、刑事が犯罪の常習者をカンで見分けるように、犯罪者のほうも刑事の匂いを敏感にかぎ分ける。同じ観客席にいたら、それと察して逃げられるおそれがある。Bはそれを用心して相棒を遠い内馬場から見張らせたのである。狙いはピタリと当たった。その双眼鏡に犯人の姿やその仲間の顔が入り、相棒は観客席の目立たない場所にいたBにブロックサインで犯人の位置を知らせ、Bが尾行に入る。数日後、突きとめた拠点にいた窃盗犯のグループが一網打尽にされた。

Bは都内の大きな署の署長を務めたこともある。これは、そのころの思い出話だ。

「あの時分は場外馬券売り場にもまだ両替屋がいたころでね。千葉のほうから出かけてくる秋山という常連の女性両替屋がいた。実はこの秋山から窃盗犯や強盗犯などの情報を取っていたんだ。秋山自身も堅気じゃないから、場外馬券売り場に怪しいヤツが出入りすると臭いでわかるんだね。通報してくれるんだ。結構、重宝したよ」

なるほど、あの混雑した競馬場や場外馬券売り場で、われわれの知らないところで密かに捕り物劇が進行していた。私は驚いたり、感心したり。だから、競馬場ではだいたい、刑事がどこかで目を光らせていると思ったほうがよさそうだ。今でも……。

予想は「自己矛盾」

吉富もそうした刑事の事情聴取を受けたことがある。といっても、吉富自身が容疑者となったわけではない。吉富の客同士の金銭トラブルで、一方が飛び降り自殺してしまうという衝撃的な事件があったのだ。

吉冨がそのことを知ったのは、女優の藤純子（本名寺島純子）が司会を務めるフジテレビのワイドショー「3時のあなた」だった。自殺した人物の顔写真を見て吉冨は腰を抜かさんばかりに驚いた。立会川の酒場の主人のときも驚愕したが、今度はその比ではない。吉冨の起伏多い予想屋人生のなかでも、絶対に忘れられない出来事の一つである。

「刑事が何度も俺のところに調べに来て、ほとほとまいった」

思えば昔、吉冨が涙橋を渡って大井競馬場に着いたときに覚えた胸騒ぎ、あれはこの惨事の啓示だったのか。

「自殺の直接のきっかけは俺がつくったようなものだった。そのころの俺は予想が絶好調で、俺の予想を信じて賭けつづけ、全財産をスッてしまったんだ」

「涙橋で覚えた胸騒ぎは、お前は他人の不幸の引き金を引くという予告だったと」

「俺は社会の役立たずだ。誰の役にも立っていないどころか、とんでもない疫病神だと自己嫌悪に陥ってしまった。働けば働くほど人を不幸にする」

「因果な商売だと」

「どこかに消えてしまいたかった、ほんとに」

「客同士の金銭トラブルと言ったけど、どういうこと？」

「一方の当事者が、亡くなった人をそそのかしたんだよ。吉冨の目を買い続ければ、間違いなく儲かるって。一千万を二千万にしてやるってね」

「……」

競馬場を舞台に、いくつもの事件が交差する。そこに常駐する吉冨たちは、嫌でも事件に直面し、巻き込まれることもある。

古い話だが、一九八一年四月五日、中山競馬場のトイレで一人の男が自死した。年齢は六十歳前後。紺色のスリーピースにカーキ色のレインコート。そのころの競馬場ではめずらしいいちゃんとした身なりだ。死に方が壮絶だった。裸の電気コードをガムテープで左胸に張りつけ、自ら換気扇のコンセントにコードを差し込んで感電死したのだ。

男が競馬新聞に赤のサインペンで記した書置きには、「お馬で人生アウト。できたら医学用に使ってください」とあった。

「お馬で人生アウト」

見事といえば、これほど見事で簡潔な辞世の句もないだろう。だが、締念に達した男のえも言われぬ凄みがある。競馬の底知れぬ怖さが伝わってきて、私はしばらく競馬場から遠ざかったものだ。

この人生アウトの仏に対して何を思うのか、私は吉冨の感想を聞きたかった。

「人は自殺することで造物主たる神に報復することができるのだろうか？　いかがなもんだろ

う?」

「神への報復か。ずいぶん突飛なことを言うねー。斎藤ちゃん、実は、俺ね、いまでも馬券を買い続けているんだ」

「えッ!」

と驚いたふりをしたが、実は知っていた。

吉冨のアシスタントの女性が「斎藤さん、トミさんね、今月の開催で四百万円ぐらい負けているのよ。なんとか、ならない」と打ち明けられたことがあったからだ。「なんとかならない」と言われても、なんともならないのである。

「バブル時代は、予想の売り上げが年間五千万円ぐらいあった。そのうち四千万円ぐらいは馬券を買っていた」

「四千万!」

一カ月で四百万をスッてしまう男だ。年にしたら四千万になるのもうなずける。数字はほぼ合う。

「大井や川崎でそんなに買ったらオッズが下がるし、そもそも予想屋が馬券を買うのは禁じられている。中央競馬を舞台に、買って買って買いまくった」

「成績は?」

吉冨はそれには答えず、話を続けた。

「そのころ、国民金融公庫（現・日本政策金融公庫）から一千万ほど金を借りていた。それもほとんど馬券に化けた」

「ああ！」

これを狂気と言わずして、なんと言うのだろう。

「俺の理論を信じて、俺の予想で馬券を買い続ける客が大勢いる。彼らはみんな俺の戦友だ」

「俺も、その一人のつもりだけど」

「戦友と同じ立ち位置にいるには、俺も馬券を買わなきゃならない。自分の予想に責任を持つ。他人に何と言われようと、それが俺の生き方なんだ」

とても奇矯《ききょう》な理屈だ。そんなふうに考える予想屋は、ここ大井でも一人もいないだろう。まして、メジャーな競馬メディアの評論家なら、推して知るべし。「クレイジー！」と冷笑されておしまいだ。

「西新橋の場外馬券売り場で勝負してすってんてんになり、トボトボ帰るのだが、帰り道に日石のビルがあって、その前にプロメテウスの銅像が立っている。その名前が『希望』というんだ」

「ははははは！　ははははは」

私は笑いが止まらない。

「プロメテウスには先見の明を持つ者という意味もあるんだってさ」

「ははは！　ははは」

もう、おかしすぎる。

笑いがやっと収まったころ、

「つらくない、そんな生き方？」

と、正直に訊いた。

「予想というのは、自己矛盾なんだ」

「自己矛盾？」

「自分で打つことで、自己を確認している」

「それで、自己矛盾が克服できる？」

「勝つか、死か、なんだよ」


吉富という男も、競馬場のトイレで感電死した男と同じように、心の中にいつも裸の電気コードを忍ばせている――私はそう感じるのである。

冷ややかなまなざし

雨にも風にも、嵐にも負けず、予想台に立って口上を喋りつづけた吉冨も、この事件のときばかりは病気と偽わり初めて仕事を休んだ。ふだんの吉冨には考えられないことだったが、錯乱状態のなかで妻の洋子にこのことを打ち明けてしまう。色白の顔をさらに蒼白にして、洋子は無言のままだった。

夫の職業が、ひとつ間違えれば、いかに人を不幸にするか。背筋が凍り、夫の罪深さに、いまさらながら、おののいたのではなかったか。「ろくでなし！」「人でなし！」と言われてもしょうがない。

実は、洋子が夫の職業に嫌悪をいだいたのはこれが初めてではなかった。吉冨が平凡パンチの紙面に派手に取り上げられたとき、大井町の父兄会でそれが話題になったのである。「旦那さんは、予想屋さんなのね」と言われたとき、洋子は恥ずかしくて顔があげられなかった。

「あのあたりで、洋子はもう嫌気がさしていたみたいだけど、この事件が決定的だった。俺と別れる決心をさせるきっかけになった」

彼女が二人の子供を連れて大阪に戻ったのは、それから半年後のことだ。

洋子は、吉冨が予想屋になる際に交わした二人の約束「子供たちが物心つくころには予想屋をやめる」を実行してくれと迫ったのである。「世間体が悪い」というのは、妻にとって常に立派な理由になる。子供たちを世間の白い目にさらしたくない。これに太刀打ちできる理屈を探すのは、吉冨といえども困難だ。けれど、いまさら、引き下がれるものでない。

「俺は、予想屋を続けるよ」

そう言い張るしかなかった。

結局、吉冨は単身東京に残り、洋子たち三人は大阪に居を移すことになったのである。

「競馬の開催が終わると、新幹線の個室をとってレースの研究をしながら大阪に帰るんだけど、家ではいっさい競馬の話はできない」

「そうなんだ」

「妻が、競馬では同志じゃない。戦友でもない。けっこうつらい」

「単なる競馬ファンなら話は別だが、トミはそれが職業だからねえ。一言もしゃべれないというのは、こりゃあストレスになるなあ」

「でも、これくらいのバチは当たって当然なのかもしれないね。なにしろまともに働かず、競馬で食っていこうなんて考えで生きてきたんだから」

「奥さんが耐えられなかったのは、それ以前の問題で、ただただ〝世間体の悪さ〟だったんじゃないの」

「……」

競馬の仕事に携わる人たちの感じる〝世間体の悪さ〟を示す興味深い逸話がある。元一橋大学社会学部教授の長島信弘氏が、著書『競馬の人類学』（岩波新書）の中に書いていることだ。

日本競馬の総元締である中央競馬会の内輪話だから、こう言ってはなんだが、よけいに味わい深く面白いのである。まずは中央競馬会のトップ、理事長にまつわる話だ。

一九八一年から一九八五年にかけて理事長を務めた内村良英（一九二〇～二〇〇四年）は農林事務次官という官僚の最高位にのぼりつめたあと、中央競馬会へ、いわゆる天下りをして理事長に就任する。

「最初に競馬会に転職が決まったとき、そんな世間体の悪いところは困るという理由で大学教授である夫人が猛反対したという。そこで内村氏は夫人を競馬場に連れていき、夫人もこれはなかなか良いものだと分かってくれたとのことである」（『競馬の人類学』）

ちなみに内村は、中央競馬会の官僚体質の改革に取り組んだ最初の理事長として、歴代の理事長のなかでも評価が高い人物だ。

もうひとり、同じく中央競馬会の幹部職員の話だ。これも同書の中にあるエピソードである。

「やはりね、勤め先のことははっきり言いにくい時期がかなりありありましたね。最近ではかなり世間も割と競馬については理解があるようになりました」(同)

幹部職員にして、この「うしろめたさ」がある。

長島教授は「この方も無形の社会の圧力を感じ、それが子供へのいびりに発展しないかと憂えていたのである」と話す。

このふたりは、いわば社会のエリートである。エリートであっても社会の冷えたまなざしを感じさせる何かが、「競馬」という仕事にはついてまわる。

ましてや吉冨の仕事は「草競馬の場立ちの予想屋」である。中央競馬会の理事長とは、月とスッポン。世間の蔑視も、ここに極まれりという感がある。誰も、吉冨の妻を責めることはできないだろう。

私の敬愛する山口瞳は、『江分利満氏の優雅な生活』で第四十八回直木賞を受賞したあと、先輩作家から大真面目な顔で、「山口くん、競馬のことはもう書かないほうがいいよ」と諭されたそうである。

ことほどさように、日本の社会には、階層を問わず、競馬に対する根深い蔑視がある。その根っこをたどれば、どうも明治政府の取ったあるプロパガンダに行きつくようなのである。

明治政府は、「賭博は社会の倫理・秩序を崩壊させる。よって賭博は刑法の取り締まり対象とする」という単純明快な「正義」を掲げ、国民に対して「賭博＝悪」の観念を刷り込んでいったのである。明治四十年の刑法改正により、賭博は完全に非合法化された。

挙国一致で富国強兵を推し進めようとする明治政府にとって、賭博の流行は具合が悪い。なぜなら賭博は怠け者と生活破綻者を山とつくりだす。ただの怠け者ならまだいいが、そのうち反社会性を帯びて反権力的な側面を色濃く持ちはじめる。支配する側にとってはやっかいだ。そうならないように厳しく取り締まろうというのである。


「賭博のせいでバカになり、廃人同様となる?」

「そういうことだろうね。兵隊として使い物にならない不真面目な人間は要らないんだ」


日本で最初に賭博に関する記述が出てくる文献は『日本書紀』であり、天武天皇が宮廷で賭博を主催したと書いてある。下って平安時代には、『源氏物語』の作者紫式部なども博奕に熱中したと物の本にある。古においては身分の上下を問わず、賭博への罪悪感情は薄かったのだろう。

そこで出てくる疑問がある。日本で最初に競馬を始めたのは、誰なのか?

実は、これも朝廷主催で行われており、天武天皇の二代あと、文武天皇のときとされる。七〇一年（大宝元年）、端午の節句に文武天皇が「走馬《はしりうま》」を観覧されたという記述が『続日本紀』に出てくるそうだ。「走馬」とは競馬のことである。日本の競馬で古馬の最高峰レースに「天皇賞」の冠名が付されているのは、直接的には明治天皇が天皇杯を下賜されたからだが、その源はこのあたりにある。

平安の中期ころより、競馬はいよいよ盛んになり、賀茂神社の境内で行われる天覧競馬には貴賤を問わず多数の観客が押し寄せたとある。

作家の嵐山光三郎は、著書『西行と清盛』（中公文庫）のなかで、歌聖・西行が、出家する前の佐藤義清《のりきよ》を名乗っていた北面の武士の時代、鳥羽上皇が行幸された天覧競馬に騎手として出場する場面を描いている。それが歴史的事実なのか、それとも嵐山の創作なのかはわからない。「北面の武士」、すなわち天皇を警護するエリート武官（現在の皇宮警察）が、その後出家して不世出の歌詠みとなったのだ。

とにかくこのころから、高貴な身分の人も市井の庶民も、隔てなく競馬に熱中したことは事実であり、『栄花物語』や『今昔物語』など、多くの古典にその様子がいきいきと描出されている。

この時代、競馬への蔑視などどこにも見当たらないのである。

明治時代に話をもどそう。

問題なのは、明治政府の下で進められた「賭博＝悪」の刷り込みの中で、わが競馬がどのような位置づけにあったのかだ。当然、「競馬＝賭博＝悪」という図式で国民の洗脳宣伝が進められたのだろうと思うだろうが、ちょっと違うのである。

意外なことに、競馬は刑法の取り締まりの対象とはならなかった。それどころか、明治三八年には、「馬券の発売を黙許する」という政府通達が出されている。翌三十九年十一月、日本初の馬券を売る競馬を開催。馬券は刑法の定める「賭博行為」には当たらないとされたのである。

明治時代、お上が競馬を公認したのは、建て前として軍馬の育成を図る目的があったからである。司馬遼太郎の名作『坂の上の雲』の主人公、秋山兄弟の兄・好古は、帝国陸軍の騎馬兵を組織、育成し、日露戦争で大活躍する。精強で知られたロシアのコサック騎兵をまるで問題にしなかった。優れた軍馬の育成は、軍事大国をめざす明治日本の国家的要請でもあったのである。「馬強ければ、国強し」なのである。

軍馬養成という大義名分があるので競馬は禁止できない。馬券の発売も認める。あまたある賭博の中で、馬券だけは特別扱いされ、「合法賭博」となったのだ。

それなら、なぜ競馬が白い目で見られるようになったのか、いつからそうなったのか。疑問に思われるかもしれない。

「馬券発売が認められて一挙に国民の競馬熱が燃え上がってしまったんだ。いろいろ問題も起きた。暴動とか、八百長とかね。過熱する一方の競馬に対してしだいに社会の批判も高まっていく。馬券発売を認めたわずか三年後の明治四一年に馬券の発売が禁止されてしまった」

「認めたり、禁止したり、政府も腰の据わらないことだね」と吉富。

「競馬が文化であるという認識が、官民ともになかったからじゃないか」

「また、そういう浅薄なことを言う。競馬は博奕だよ。百歩譲って文化だとしても、それは俺の日常と何の関係もない。俺の客だってそうだろう」


話がわき道にそれてしまった。

馬券の黙許から禁止までのわずか三年間に、「競馬は恐ろしい、しょっちゅう騒動が起きる、禁止して当然」という見方が庶民の心に浸透する。馬券発売が再び認められるのは、それから十五年後、大正十二年の「競馬法」の制定まで待たなければならない。

「なんと十五年間も、日本では馬券のない競馬が続いたんだ」

「はは〜ん、わかったよ。馬券が禁止されたその十五年の間に何が起きたかだな、問題は」

「さすがに鋭いね」

「闇の勢力が、闇馬券を売ったんじゃないの」

「断定的なことは言えないが、たぶんそういうことなんだろうね。ただ、反社会勢力が公営競技の世界に本格的に乗り込んでくるのは戦後のことだけどね」

「進駐軍が去って、暴力団のやりたい放題になった」

「トミの遭遇した船橋競馬場での事件は、まさにそれだね」


だから、庶民に競馬への拒否感、蔑視が生まれたのはそんなに古いことではないのだ。戦後の公営競馬を舞台に行われた「闇競馬」が主たる原因である。

だが日本人の「競馬観」で真に問題なのはそこではない。闇勢力の跋扈《ばっこ》は競馬にとって確かに不幸なことではあったが、現在それは、ほぼ払拭されている。

では、何が問題なのか？

ここからは前出の長島教授の受け売りになる。教授はこう指摘している。

「ステータスの逆シンボルとして賭博を忌み嫌うこと、あるいは忌み嫌ってみせることがステータスの正のシンボルとなるのであり、日本における大正以後の競馬はまさにそういう負のシンボルを負わされてきたのである」

競馬が、「負のシンボル」となったのだ。

ここで「ステータス」というのは「エスタブリッシュメント（＝エリート）の持つべき価値観」と読み替えていただいていいだろう。つまり教授は「競馬を忌み嫌ってみせることが、エリートの証となっている」と喝破している。社会のエリートは口が裂けても「競馬が好きだ」なんて言ってはいけない。馬券に手を染めるなんてとんでもない。

「なぜかと言えば他の賭博は非合法化されたのだからそれ自体悪であることには法的根拠がある。ところが競馬は合法賭博であり、お上の息がかかった国家的興業である。そこで法的制裁の代わりに『世間体』という社会的制裁が持ち出され、それが他人を非難する根拠にも、自分が引け目を感じる理由にもなってくる」

この箇所を読んだとき、私はハタと膝を打った。大方の日本人の歪んだ競馬観を、その依ってきたる所以《ゆえん》を、いとも鮮やかに解いてくれたと感服したのである。

「社会的制裁」

長島教授はこれを、「いじめ」と言い切っている。競馬好きな人間はずっと村八分にあってきたのだ。

そして思った。

目の前にいる吉富という愛すべき奇人は、まさに身体を張ってそうした「ステータス」に挑み続け、「いじめ」と戦ってきたのではなかったのか。

自ら好んで飛び込んだ世界だから、世間に文句を言う筋合いではないのかもしれない。そんな立派な問題意識が当初からあったわけでもないだろう。吉富の戦いを独りよがりと片づける人もいるだろう。だが私は、四十年という彼の予想人生の長さと重みを感じないわけにはいかない。

彼はこれまで村八分の中で戦ってきたし、これからも戦い続ける。

ともあれ、妻子が身近にいなくなり、吉富は独りぼっちになった。

蛇足かもしれないが、吉富の名誉のために、つけ加えておこう。大阪に別居する妻には毎月、相当の金額を仕送りし、そのうえ、使い放題のクレジットカードを持たせて吉富が決済したのである。経済的な不自由はさせなかった。

しかし、子供たちが中学三年生になった年、二人は離婚した。

二人を別れさせたものは、結局、何だったのか。「求めるものが違っていた」と吉富は言うが、それだけではないだろう。その底に「世間体」という隠れた真因がある。

吉富は、「世間体」といういわれなき「社会的制裁」を受け続けている……。

終　章　宇宙の摂理を説いてみよ

焼き場のボタン

いわゆる「世間」なるものとの折り合いを欠き、不孝と不義理を重ね、放埒な人生を送ってきた吉冨に心境の変化が訪れる。

二〇〇一年一月九日、父が亡くなり、翌々年の二〇〇三年九月十六日に義母が他界する。これで吉冨を生み育てた三人の親がすべて、この世を旅だったのである。

父親には愛憎半ばする複雑な思いがある吉冨だが、義母にはただただ感謝の念しかない。

「俺が小学校から高校までまともに過ごせたのも義母のおかげだ。義母は博奕狂いの親父に散々泣かされながら、俺の成長に望みを託していたんだ」

「あなたは、秀才の誉れが高かったからねえ。よけいに期待したんだろうね」

「義母は、俺への夢はかなわないと諦め、俺と最初の妻との間にできた男の子、高志を引き取って一生懸命に育ててくれた。感謝しても、しきれない」

「トミへの期待を高志君に託したんだね」

「実は高志が実家に戻って育てられていることを知らなかったんだ。両親からも勘当状態で、生きてるか死んでるかもわからなかった。さすがに気になって、田舎にいる高校時代の親友、水道工事業を始めたときのパートナーだった関村に、実家の様子を見に行ってもらったことがあった。そしたら、『窓からのぞいたら、足の大きな子供が寝ていたよ。たぶん高志君だろう』と言う。あわてて実家に会いに行った。そしたら出てきた義母に『高志はいま受験の大切なときだから会わないほうがいい』とやんわり断られた」

「そうだろうね。あなたが突然現れたら、高志君の心が乱れる」

「会わずじまいで帰ってきたんだが、義母のやさしい心遣いに胸がいっぱいになった」

「そのときはじめて、義理のお母さんが高志君を育てていることを知ったんだね?」

「そう。ほんとに驚いた。親父と俺、そして高志。男三人、貧乏と苦労の連続だった。そんななかで高志をちゃんと育ててくれたのが義母だったんだ。高志の今があるのは義母のおかげだ。そのうち報いよう、報いようと思っていた矢先に、親父と義母、二人とも間をおかずに死んでしまった」

二人の親を亡くした二〇〇〇年代初頭、それが吉富の人生の句読点となった。

「なんということをしてきたのかと、愕然とする思いだった。糸が切れた凧のようにふらふら流されてきた自分をこのときばかりはひどく反省した。とうとう親孝行ができなかった。迷惑かけっぱなしに終わってしまった」

「……」

「さいわい高志には会えたが、その下の子とは今も会えていない。親父と俺はバラバラ。俺と高志とその下の子もバラバラ。結局俺は親父と同じになってしまった。悔が残る。できるものなら下の子にも会って謝りたい」

会ったこともない次男の顔が浮かんでは消える――。

「親父さんのことは毛嫌いしながらも、いっぽうで好きだったんだよね？」

「男の子が親父を嫌うのは、自分が親父に似ているからだ。気がついたら俺も、借金しながら競馬にのめり込んでいた。まさに親父がやっていたことだ。だから一緒に住んでいたころは親父につらく当たっていた。親父をぶんなぐろうと本気で追いかけまわしたこともあった。足の悪い親父をだよ」

「自分の親父を殺してしまいたいと憎む一時期がたしかにあるね、男の子には」

「死んでしまえば、懐かしさだけが残る。好きな親父だった」

吉冨は父親の葬儀の場で、三十年ぶりに兄に会っている。

「父の葬儀が終わったあと、初めて兄の家を訪ねた。そのとき、三十年前に嘘をついて借りた十万円を持って行った。だが、兄も兄嫁も笑って受け取らなかった」

吉冨は深く恥じた。なんという善良な人たちなんだ。自分にはこんな優しい兄たちがいたんだと羞恥で顔が火照った。

「帰りの新幹線の中でつらつら考えた。俺が馬券を止めどもなく買い続けるのは、失われたと勘違いしていた肉親の愛情を取り戻したかっただけなんじゃないかと。二人の母、そして親父。不幸を決定づけてしまったかもしれない二人の元妻と子供たち。彼らへの後ろめたさを拭い去り、生きる自信を買い戻したかったんじゃなかったのかと」

「ふむ。愛と自信を買い戻したいという渇望」

「兄貴たちの愛に触れて、俺はこんなに馬券を買う必要なんてなかったんだと気付いたね」

「気付くのが遅すぎる！」

「そうか、そうだね」

吉冨はさびしく笑った。三十年の空白はいかにも大きすぎる。取り返しがつかない。

会話がとぎれて少し経って吉冨が言った。

「ところで斎藤ちゃんは、人の死に手を貸したことがあるかい？」

「なんだよ、突然」

吉冨は両親の葬儀で二回とも名状しがたい感情におそわれたと話した。

「焼き場のボタンを押すのが喪主の自分なんだ。岸和田あたりの風習らしいんだがね。それは嫌なものだった。ボタンを押して点火するとボンという振動が手に伝わってくる。その感触がものすごい。それに、ゴーという火炎の音」

吉冨は育ての母のときと父親のときと、二回、焼き場のボタンを押した。

「自分の手で親を焼くということだ。どうしたってためらいが出る。何とも言えなかった」

吉冨は焼き場のボタンの感覚を今でも忘れられないでいる。「俺にとっては戒めとなっている」と吉冨がしみじみ言う。「身近な死」はいろんなことを人に気付かせる。

しかし、禍福はあざなえる縄のごとし。吉冨の運気はこの時期を境に一気に上昇するのである。

競馬ジャーナリズムの人気者

二〇〇〇年代に入ると、吉冨は競馬専門のテレビ局「グリーンチャンネル」に頻繁に登場するようになる。番組のなかでプロの競馬評論家たちと予想を競い合うのである。プロの評論家といっても、当時、自分の予想スタイルを確立している人はそう多くない。「実走着差理論」の吉冨を凌駕する成績を上げられる人は少なかった。まして口上で吉冨にかなう者などいない。吉冨はたちまち、グリーンチャンネルの人気者となった。

二〇〇五年の五月には、なんとＮＨＫから吉冨に声がかかる。教育テレビ（Ｅテレ）の「芸術劇場」枠で放映されたスタジオ演劇「そのまま！」の監修を担当、演技指導をする。放送メディアへの露出が多くなる一方、『別冊宝島』『競馬最強の法則』『競馬ブック』など、競馬専門紙誌にもいく度となく取り上げられようになる。

ＪＲＡ発行のレーシング・フォームに有馬記念の予想を二年連続で発表したのもこのころだ。地方競馬の予想屋が中央競馬最大のレース予想に登場する。これは、快挙だった。

次の文は二〇〇六年有馬記念の吉冨の予想である。

「『我々の人生の、この美しき道連れが競馬ならば、有馬はまさに人生の句読点』。これは僕のグリーンチャンネルでの口上の一節だが、有馬への僕のスタンスでもある。有馬の当日は有馬記念しか買わないときめている。それも本馬場か少なくとも場外で、雰囲気が不可欠なのだ。

予想に思い込みや感情が禁物なのは承知だが、有馬だけは許されると思っている。

ディープ（インパクト）からの着差から辿っても、天皇賞、宝塚記念よりもＪＣ（ジャパンカップ）の再戦との見解だが、この1、2着は実に対照的でもある。天才、武豊を擁し燦然華麗なディープに比して、その全成績（3・6・3・0）とひたむきな走りも、人気にならない無冠のドリームパスポートに、寡黙の勝負師内田博幸。この図式なら、もはや今年の有馬に迷いはない。ドリームパスポートから馬単で、ディープへの一点！　天を飛翔するディープが勝ってさらなる歴史を刻むのか、それとも地面を切り裂き若武者ドリームが……想像するだけで、いまはただ動悸」

勝者は、二十一世紀初頭に現れた最強のサラブレッド、ディープインパクトだった。ドリームパスポートは惜しくも四着。

それにしても、吉冨のこの予想文は飛んでいる。同じ紙面で漫画家の黒鉄ヒロシや棋士の渡辺明竜王なども予想文を寄せているけれど、贔屓目かもしれないが、吉冨の文によりロマンを感じる。予想屋は文学者なのである。

三十年前、まさに平凡パンチが予言したように、吉冨はたしかにこの時代、「明日のスター」となった観があった。競馬ジャーナリズムが吉冨を放っておかなかったのである。吉冨は今や、日本で最も有名な場立ちの予想屋になった。父親を破滅させたギャンブルで、吉冨はついに、身を立てることに成功したと言えまいか。幼少期には溺愛し、青年期には逆に苦しめた父親との勝負に吉冨は勝ったのである。

競馬はようやく、世間の蔑視を脱する時代に入った。大井競馬場の片隅から世間に吠え続けた吉冨は、身をもってそんな時代を切り拓いた一人である。

では実際にこのころ、吉冨は客からどんなふうに評価されていたのか。当時のSNSから拾ってみた。

約八年前、まだ（吉富が）川崎競馬場で場立ち予想をしていたとき、雨の日のナイター最終レース。たしか、しんがりに近い人気薄の一枠一番の馬を、「ラチ沿いを逃げたら絶対だれもついていけない」、「結果がでるまで俺は帰らない」と言い切り、みごと話した通りの展開で一番の馬が勝利し、雨の中、家に帰る人の流れの中、「どんなもんだ」という感じで立っていた吉富さんをみてからのファンです。単に予想屋を超えた人間性がなんともいえず好きです。

（２００９年2月12日）

先日、就職活動で上京した際にはじめて生・吉富さんを見ました。迫力満点で予想講釈と言い訳（笑）はさすがでした。

それでも最終レースで穴目をビシッと当てるあたり予想士として本物だと思いました。

最近はグリーンチャンネルに出演される機会がほとんどありませんが、コスモバルクが出走していたダービーの予想を、当時の「明日のレース分析」の場立ちコーナーでされたときのビデオがあります。何度見ても感動します。

（２００９年5月26日）

久しぶりにグリーンチャンネルに吉冨さんが出演していました。

吉冨さんで一番印象に残っているのが、
コスモバルクが負けたダービーの前日に出演されたときに、

「なぜ人は競馬に魅力を感じるのか？

それはこれだけ崇高で純粋な戦いが人間社会にはないから…。

甲子園の決勝といえども淘汰はされない。

東大の受験なんて茶番だよ、一生だって受け続けられるじゃないか。

だが明日の日本ダービーはその年に生まれた一万頭のなかで、ただ一頭しか勝者はいない
生涯一回きりのチャンスなんだ」

とダービーというレースの偉大さを語っていたことです。

（2008年2月29日）


今日は前半四Rまで好調でノリに乗っていた吉冨氏は舌も絶好調で、

「だから競馬は美しいんですよ。

学歴も地位も、労働者も経営者も、資本家もプロレタリアートも、みんな平等に勝つチャンスがあるんですよ！

競馬は知力と精神力の勝負なんだ！　知力とは何か？　『馬券選択とレース選択』ですよ！

精神力は、『どれだけ勝負できるか』というレースに対する培われた勝負勘がモノをいうんですよ！

知力と精神力で勝った、ということは〝人生に勝った〟と言えるんです。

だから競馬で勝ち続けることは大変なんです！

勝ったら何かに使えば勝ったで終わりますけど、またそれを注ぎ込んで負けた、それは勝ったじゃなくて〝預かった〟になりますから。

そうなるんじゃなくて、長期で収支をつけて、ちょい負けしたり少し勝ったり大勝ちしたりしてプラスにならなければならないんです！

だから競馬は孤独で苦しい…

だいたいブラッと友達と来て、勝てるほどやさしくないんですよ」

と笑いをとっていました。

いつにもまして舌が絶好調だったと思います。

（２００６年６月27日）


吉冨の口上に魅せられた多くのファンがいる。彼らの多くは、もはや予想の当たりはずれを離れて吉冨に惚れ込んだのだ。

夏天決戦八月攻勢

吉冨が『実走着差理論』を書にして世に問うたのは二〇〇五年のことである。あれからほぼ十年の月日が流れた。実走着差理論は、より強化されたのだろうか。予想の精度は格段に飛躍したのだろうか。

考えてみると、私もここ三年ほど吉冨と会っていない。彼の奥さんと三人で大井競馬場近くの居酒屋で飲んだのが最後である。

奥さん？　と読者は不審に思われるかもしれない。大阪に戻った二番目の妻とは別れたのではなかったのかと。

――ひょっとしたら！

そうなのである。彼はその後、三番目の妻を迎えたのである。しかも今度は、国際結婚である。そのうえ、ずいぶん年下の若い女性なのだった。外国人である彼女は、日本人のこだわる「世間体」とは無縁である。予想屋に対するおかしな偏見もない。

なんとも、うらやましい男である。

本書の執筆が第四コーナーをまわり、最後の直線に差しかかった二〇一六年の七月半ば、私はなんとか大井競馬場に足を運び、実走着差理論の最近の調子を確認しようと考えていた。ところが仕事に追われ、なかなか行けない。そこで、吉冨がメール配信している中央競馬の予想を追うことにした。

期間は七月三十日（土曜日）から九月四日（日曜日）までの、いわゆる夏のローカル競馬、「サマーシリーズ」と呼ばれる開催のうちの最後の一カ月あまり。札幌、新潟、小倉の三競馬場で開催される。

夏は競走馬の体調管理がむずかしい。目の縁を黒くしたり、大事なところが大きく腫れ上がったりしている夏負けの馬もいる。要注意である。予想にもリスクが高まる季節なのである。

もちろん、私もパソコン投票で馬券を買う。私にも四十年余の競馬歴を持つ自負がある。吉冨の予想を土台に、自分の推理を加える。なにしろ馬券は、己の「珠玉の作品」であり、「自己責任」なのだ。いかに吉冨の予想とはいえど、頼りっきりにはしない。

吉冨の予想と結果は次のとおりとなった。

印の見方は、

頭の◎は馬単的中、○は馬連的中、▲は三連単マルチ的中、△は軸馬当たるも連下（二着馬）ハズレ、×はまるきりハズレ。数字の白抜きは馬券にからんだ馬番。

丸数字の一番上は軸馬（一着候補）、ダッシュ（—）以下の丸数字は連下（二着候補）である。軸馬一頭を固定し、二着候補を五〜六頭選ぶのが吉冨のスタイルである。

「本日一番！」は、その日の一番自信がある予想。吉冨が選ぶレースはほとんどがダートレース、ときに芝コースのメインレースを選択することもある。

それではさっそく、スタートのファンファーレを鳴らしてもらおう。この一カ月余の戦いを便宜的に序盤・中盤・終盤の三つに分け、戦績を追うことにする。

〈中央競馬サマーシリーズ序盤戦〉

7月30日（土）

○新潟第10R　❷—⑦❽⑤⑥⑪（②は2着、⑧が1着。馬連的中）

△新潟第12R　⓬—②❹⑤⑦③（⑫は1着も2着⑩がヌケ、④は3着）

×小倉第11R　⓬—⑮⑩④①⑤❽（⑫は3着、⑧は1着）

×小倉第12R　⑪—⑭⑤⑦❾①③（⑪は10着、⑨は1着）

×札幌第9R　⑥—⑨⓭⑩❽　本日一番！（⑥は9着、⑬が1着、⑧は3着）

7月31日（日）

×新潟第10R　⑥―❼⑪⑧⑨⑩⑭　（⑥は8着、⑦が1着）

×新潟第12R　⑤―⑪⑬⑧③⑫⑩　（⑤は12着）

×小倉第10R　①―⑫⑤❷⓭⑥　本日一番！　（①は12着、⑬が1着、②が3着）

×小倉第11R　⑨―⑤❸②⑥❼　（⑨は5着、⑦が1着、③が2着）

×札幌第12R　④―⑤⓬③⑦⑪　（④は12着、⑫が1着）

8月6日（土）

×新潟第11R　⑥―⑪②①❺③　（⑥は8着、⑤は3着）

×新潟第12R　⑫―⓯❽⑨⑤⑬　本日一番！　（⑫は8着、⑮が1着、⑧は3着）

×小倉第10R　⑩―②⑦⑫❽⑭❺　（⑩は競争から除外、⑤が1着、⑧は3着）

×小倉第12R　⑦―❽⑩⑭③④　（⑦は4着、⑧は1着）

×札幌第12R　①―⑩⑤⓰⑪⑭⑦　（①は6着、⑯が1着）

8月7日（日）

○新潟第11R　❺―❻⑦⑫②　（⑤は2着、⑥が1着。馬連的中）

○新潟第12R ⓭—⑧❻①④　本日一番！（⑬は2着、⑥が1着。馬連的中）
×札幌第10R ④—③❼⑩⑤❻⓫（④は10着、⑦⑥⑪の順で入線）
×札幌第11R ④—②⑨⑪⑫❺⑬（④は11着、⑤が2着）
×小倉第10R ②—❽⑬⑫⓫④（②は5着、⑪が1着、⑧は2着）

なんということだ！

サマーシリーズ序盤が始まった最初の三日間、予想が当たったのは一レースのみ。残りの十四レースはことごとくはずしてしまった。指名した軸馬が掲示板（一着～五着まで）にものらないという惨状である。悪夢だ。格好悪すぎる。

いったい、これはどうしたことなのか！　私も、青くなった。これが場内での予想だったら大変だ。予想台をめがけ、雨あられのごとく紙つぶてが飛んでくる。

しかし、数々の修羅場をくぐり抜けてきた吉冨は少しも動じない。八月六日のメールで次のような詫び状と反転攻勢の覚悟をメール会員宛に送ってきた。

「暑中お見舞い申しあげます。いつも競馬研鑽ご支援感謝申し上げます。昨今の携帯電話の著しい進化で、もう長文メールの配信途切れはないだろうとの見解から、指数入りレース分析充実予想に模様替えしました。ご参考になれば幸いです。またここのところの不作予想深謝、夏天決戦八月攻勢巻き返します。吉冨隆安」

まずは、会員に深く頭を下げる。これがもっとも肝心なところである。そして、きっぱり巻き返しを宣言する。背水の陣を敷くのだ。最後に、予想スタイルをマイナーチェンジ（模様替え）する。この三位一体作戦で、これまでも幾多の危機を乗り切ってきた。もう離れようと思う客も、そこまで言うのであればと、見限る踏ん切りがなかなかつかないのが、吉冨ファンの心理なのだ。

この詫び状に出てくる「指数入りレース分析充実予想」とはどんなものなのか。例として同日八月六日の予想の一部を次に掲げる。

新潟第12R ⑫―⑮⑧⑨⑤⑬　指数上から順に68・66・66・64・63・62
昇級前走出遅れスロー向正一気進出0・5差こゝ上位、休み明け三戦使われ馬体増し上昇好感、今回追える減量騎手起用で強化好材料、優位三才先行自在⑫で不動、本日一番！

札幌第12R ①―⑩⑤⑯⑪⑭⑦　指数70・∇68・67・∇67・65・∇65・64
1600万条件「中山アクアマリン・ステークス」はスロー外0・0差は実走先着でこゝ指数上位①。その後こゝ三戦2・2、1・1、0・0差と上昇、今回外目に逃げ揃いハイの流れ、開幕札幌芝はイン良好、必勝名手ルメールきめ手鋭い①で不動！

専門用語と慣用句が満載で、読者にはよくわからないかもしれないので、あとで一般用語に翻訳してみよう。

模様替えする前とちがうのは、新たに指数（実走着差を加味した実力指数）を表示したことと、レース分析の記述をより厚くしたことである。競馬の素人にはわからない専門用語が頻出するのが難だが、少しでも専門紙をかじったことのある人なら、ほぼ理解できる内容だろう。

それにしても、実に理路整然としてなめらかな説明だ。なめらか過ぎて、異を挟めない。「①で不動！」という最後の決めゼリフにはとても抵抗できない。レース分析を読めば読むほど、こちらは思考の金縛り状態になる。つい、吉富と心中してもいいか、という気になるのだ。

しかし、しかし、しかし、だ。前述したように、この日も当たりはゼロだった。模様替えの効果もゼロ。ムムッ、どうした吉富！　後がないぞ。謝って済むなら、おまわりさんは要らない。

翌日の八月七日（日曜日）、状況はやや好転する。新潟の二つのレースが的中。ほんのちょっぴり愁眉を開く吉富。

この調子、この調子、中盤戦でドカンと爆発だ！

祈る思いで翌週を迎える。

〈中央競馬サマーシリーズ中盤戦〉

8月13日（土）

○新潟第8R ⓮―⓭⑦⑪④③⑧　（⑭は2着、⑬が1着。馬連的中）

×新潟第11R ❿―⑯⑫⑦⑰③⑨　（⑩は3着）

◎新潟第12R ❶―❸⑤❽⑭　本日一番！　（①1着、③2着、⑧3着。三連単的中）

×札幌第9R ⑬―⑫❾⓫⑩⑥　（⑬は5着）

×小倉第11R ⑦―⑧④❺❷⓭①　（⑦は12着）

8月14日（日）

×新潟第9R ⑧―❺⑩⓭⑮❻　本日一番！　（⑧は6着）

▲新潟第11R ❼―②⑪⓬⑥⓱⑯　（⑦は3着）三連単マルチなら的中

×札幌第11R ⑤―③⓫⑨②❹　（⑤は4着）

△札幌第12R ❽―③⑤⑬⑨①　（⑧は1着も2着②がヌケ）

▲小倉第12R ❶―❸⑤⑮❾②　（①は3着、③が1着、⑨が2着。三連単マルチなら的中）

8月20日（土）

× 新潟第8R ⑫―❿⑮⑬⑧⑤④ （⑫は4着）

× 新潟第10R ⑬―⑦①⑭②⑧⓯ （⑬は10着）

◎ 新潟第12R ⓭―⑥⓯❿⑭ 本日一番！ （⑬1着、⑩2着、⑮3着。三連単的中）

◎ 小倉第11R ⓬―①❺⑨❹③⑮ （⑫1着、④2着、⑤3着。三連単的中）

× 札幌第12R ⑩―⑭⑦❻❺⑪⑫ （⑩は7着）

8月21日（日）

○ 新潟第11R ❼―⑨❶⑧④⑭⑩ （⑦は2着、①が1着。馬連的中）

× 札幌第10R ⑨―⑥⑩❽⓫ 本日一番！ （⑨は6着）

△ 札幌第12R ❿―③⑨⑧①⓭⑫ （⑩1着、2着⑭がヌケ、⑬が3着）

× 小倉第11R ⑥―❺③❾⑩⑬⑫ （⑥は7着）

× 小倉第12R ③―⑬⑥①⑩⑤⑪ （③は4着）

この戦績は、なかなかのものだ。いや、驚異的といってもいい。どう、すごいのか、箇条書きにしてみよう。

1　四日間二十レースのうち、連軸的中が十レース。五割の的中率、二回に一回当てている。

2　三連単を五レース、当てている。これは、ほぼ奇跡に近いことだ。

3　馬単を二レース的中、そのうち一レースは万馬券である。

馬券の買い方さえ間違えなければ、この中盤戦、吉冨のメール会員は大儲けしたはずである。

実は私も、八月二〇日（土）の小倉第11R ⑫―④―⑤の馬単と三連単馬券を取った。いずれも万馬券である。⑫は人気薄の馬で、これを頭にして買うのは勇気のいることだったが、テレビのパドックを見て、この馬が「バカによく見えた」のである。自分の目と吉冨の予想が合致した。買うしかない！

ゴール前、⑫の馬が一着に差し込んできたときには、はしなくも大声を上げてしまった。

「ヨッシャ！」

ちなみに、このレースの分析は次のようになっていた。

「小倉第11R ⓬―①❺⑨❹③⑮　指数上から69・▽69・67・67・66・▽65・▽64

前走福島輸送も太目、スローを追って0・7差から3キロ減なら、こゝ上位。こゝ三戦2・2、1・0、0・7差と着実に上昇、⑫で不動！」

これをわかりやすく言い直してみよう。

「前走は福島競馬場で出走。長距離輸送をしたにもかかわらず、まだ太目残りだった（通常、馬は輸送すると体重を減らすことが多い）。そのレースはスローペースで追い込みが効きにくい競馬だったにもかかわらず、一着の馬から0・7秒差に健闘した。今回は負担重量が三キロも減る。これは非常に有利で（一キロで約一馬身の差が出ると言われる）、当然ここでは最上位にくる。しかも近走三戦は、一着馬から2・2秒差、1・0秒差、0・7秒差と着実に調子も上げている」

とまあ、このようになるのだが、それがずばり的中した。

大正解だった。私もこれで、序盤戦の負けをきっちり回収し、まだおつりがある。

吉冨は宣言どおり、巻き返しに成功した。序盤戦の成績がひど過ぎただけに、よけいに中盤戦の派手さが際立つ。いかにも吉冨らしく、やはり、華がある男だ。

これが、「実走着差理論」の底力なのか――終盤戦が非常に楽しみになってきた。

反転攻勢の夏競馬はいよいよ終盤戦に入る。

〈中央競馬サマーシリーズ終盤戦〉

8月27日（土）

×新潟第9R　①―⑮⑧❻③❿⑫　（①は13着）
△新潟第11R　❿―❽④⑤❸⑥　本日一番！　（⑩は2着、1着②ヌケ、3着⑧）
×札幌第11R　②―⑭⑩⑦⑪❸⓬　（②は5着）
×札幌第12R　③―❼⑪⑤④❾②　（③は7着）
○小倉第11R　❻―⑭❼④③⑪⑫　（⑥は2着。馬連的中）

8月28日（日）

×新潟第10R　⑤―⑩❾❻⑦③⑧　（⑤は4着）
×新潟第12R　⑥―⓭❿❷⑤⑫⑭　（⑥は9着）
○札幌第9R　❸―④⑨⑪⑫❻　（③は2着。馬連的中）
▲札幌第11R　❹―③⑥⑧⓮⓬⑩　（④は2着。馬連的中。マルチなら三連単的中）
▲小倉第12R　❹―⑬❻①②❺　本日一番！　（④は3着。マルチなら三連単的中）

9月3日（土）

◎札幌第9R　❾―①⑦❻❺⑬　（⑨1着、⑥2着、⑤3着。馬単・馬連・三連単的中）

×新潟第8R ⓮—⑫⑨⑬②　（⑭は3着）
×新潟第12R ⑤—⑧②⑥①⓯　本日一番！　（⑤は5着）
×小倉第11R ①—❽⑩❸④⓫⑤　（①は10着）
○小倉第12R ❶—⑭❽④⑦　（①は2着。馬連的中）

9月4日（日）

▲札幌第8R ❻—⑧❺❸⑩　（⑥は2着。馬連的中。マルチなら三連単的中）
×新潟第9R ❶—❷⑧⑪⑬③　（①は3着）
×新潟第10R ③—⑤⑧❾⓬②⓫　（③は7着）
×新潟第11R ③—①②⓮⓱⑧⑩　（③は16着）
▲札幌第12R ❻—❽③⓫①④　（⑥は3着、マルチなら三連単的中）

期待した終盤戦、おしいかな、大爆発とまではいかなかった。それでも三連単を四レース当てている。とくに、九月三日の札幌第九レースの三連単的中は見事だった。買い方にもよるが、この三連単五本を手中にしていれば、終盤の収支も黒字になったはずだ。

実走着差理論の強みは三連単マルチの的中率がよいことである。最終日九月四日のように最初と最後のレースで三連単を仕留めれば、まずマイナスにはならない。女心を射止めるより、三連単を仕留めるほうがやさしいのではないか、どうだろう。注目すべきは、軸馬がハズれても、残りの馬番をボックス馬券にすると三連単が的中という場合がけっこうあることだ。憶えておいて損はない。

ただ、私は相変わらず、馬券ベタだ。通算では負けてしまった。かすり傷ていどとはいえ、負けは負け。明日から一週間、昼飯は吉野家の牛丼にしよう。この経済的バランス感覚が大切なのだ。そうでないと、とても四十年もの長き間、競馬を続けることなどできない。

中央競馬のローカル開催、サマーシリーズは、東北と北海道に大災害をもたらした台風十号の通過と同時に終了――。

二〇一六年の夏も暑かった。ここ数年、夏の暑さを無事に乗り切ることが、馬にとっても人間にとっても、簡単なことではなくなってきている。とくに酷暑のサマーシリーズを何走もした馬のダメージは大きいはずだ。十分な休養と心身のケアが必要になる。馬たちには、最大の敬意を払いたい。走ってくれて、ありがとう。

そこで、吉冨のこの予想成績をどう見るかである。

整理してみよう。

予想した全六十レースうち、◎と▲印（馬単あるいは3連単的中）が十レース、○印（馬連的中）が八レース、△印（軸馬のみ的中）が四レース。完全にはずした×印は三十八レースだった。

単純な勝ち負けでいうと、二十二勝三十八敗。勝率三十六・六％。ほぼ三回に一度は当てるということである。次に、高配当が出る馬単と三連単の的中率を見ると、六十レース中十レースを当てているから、的中率は十六・六％。十回に二回弱の割合で的中させている。五倍の配当でチャラということになるが、馬単は三十倍以上、三連単の配当は一〇〇倍以上がふつうだから、これはとんでもない的中率ということになる。

私はこの計算をしながら、あらためて驚いたのであった。

そうか、そうだったのか！　吉冨が馬券は立派な投資であると口を酸っぱくして強調するのは、そういうことだったのか。

問題は、当たりがくるまで軍資金を温存させられるのかという、見通しと辛抱だけなのである。吉冨は連続して外しまくることもよくあるからである。

われわれにとって、吉冨の言う「レース選択と馬券選択」がもっとも要の作業になってくる。なおかつ、吉冨の予想をどう買うか、見送るかの取捨選択も迫られる。

馬券の真実に迫るのは、そう簡単なことではないのである。

吉冨は台上で次のセリフをよく口にする。

「今度の開催は大丈夫。掴めています。問題ない！」

予想が快調なときだ。

当てれば当てたで、

「どうだ！　黙ってオレについてこい！」

当たるを幸い、なぎ倒す勢い。

「ドーン！と、大勝負！」

「打って、打って、打ちまくれ」

もう、誰にも止められない。興奮に包まれる吉冨シアター。

さは、さりながら——。

今回のサマーシリーズ予想を本書で公開すると決めたとき、実は心配だった。悲惨な結果だったらどうしようと。いやあ、杞憂に終わってよかった。「実走着差理論」は、まちがいなく破壊力を秘めている。当たるときの吉冨は〝予想界のテロリスト〟なのである。

「実走着差理論」は、かなり数学的な予想論だ。いくつものファクターを組み込んだ緻密な計算に基づいている。

とはいえ、見てきたサマーシリーズの序盤戦のように、当たらない予想のほうが多い。なんといっても、「二十二勝三十八敗」なのだから。これは言い訳できない。ところが、予想を買う客は、どうかすると全部当たるようなつもりでいる。

「予想が当たらないときはつらい。逃げたくなる。だけど、逃げちゃだめなんだ。客の怒りを背負わなきゃいけない」

たとえ「大井のウソつきおじさん」と言われても、逃げるわけにはいかない。

吉冨は四十年このかた、客の怒りと哀感を正面から受け止めながら、つらい戦いを続けてきた。照る日、曇る日、土砂降りの日。客と喜怒哀楽を共にしてきた。

だから、こう言える。

「馬券を究めようとする人たちは、みんな同じ山頂をめざす戦友である。その山頂近くはもう見えている。確固たる軸馬が決められる理論をつくり上げ、確かな未来をつかもうではないか。競馬に絶対はないが、確かな確率はあるのだから――」

大井に予想屋あり。公営競馬に場立ちの予想屋あり。年食った親父がほとんどで申し訳ないが、彼らこそ競馬場の華なのである。

二〇一六年の暮れ、大井最大のレース東京大賞典を翌日に控えた十二月二十八日、私は大井競馬場を訪れた。吉冨の台にはいつものようにたくさんのファンが集まっていた。

「あらゆる競技選手のなかで、個人の練習量が同じで、サポーターの数も同じ、かかる期待も同じだと仮定しよう。そこで、どんなスポーツ選手も背負っていない重圧がかかる選手がいる。

誰か？　それが、競馬のジョッキーだ。馬主の利害、調教師のプライド、厩務員の情熱、この三つだ。これは重い。一人で背負うには重すぎる。だからあらゆる競技選手のなかで、競馬のジョッキーこそが、誰よりもすばらしい！」

おおーという歓声が起きる。

「南関東のジョッキーは騎手個人の勝負服で走っている。中央のジョッキーはどうだ。馬主の勝負服じゃないか。金満資本家が銀座あたりの女を連れてきて、へらへらと自分の勝負服を自慢している。こう言われれば不本意かも知れないが、中央の騎手はそんな資本家の着せ替え人形じゃないか！

武豊《たけゆたか》はレジェンドだとみんなが言う。メジャーリーグのイチローもレジェンドだ。そうかもしれない。たしかに偉大なアスリートだが、はたして彼らだけか？

いるんだよ、ここに！　もっと凄い、真のレジェンドは、ここ大井競馬場にいる。

それが、的場文男だ。ほぼ五十年、南関のトップジョッキーとして戦ってきた。五十年だぜ、ここまでの生涯勝ち鞍《くら》は六九五〇勝！　イチローだってたかだか二十年、武豊もやっと三十年だ。真のレジェンドは、文字通り人馬一体、的場文男その人だ！。

諸君、銀座のパレードで米粒ほどのメダリストを見たってしょうがないだろう。隣りの平和島のクアハウスに行ってみたまえ。彼はサウナが大好きなんだ。素っ裸の英雄、的場文男に会いたくないか！」

相変わらずの吉冨節が炸裂していた。

吉冨の熱烈なファンがこうＳＮＳに書いている。


大井競馬場の楽しみの一つは、彼の口上である。

勝負師の顔と、人懐っこさと、孤独な顔が合わさっている。

あの目は、芸術家のものだと思っている。

古いものを容赦なくぶっ壊せる目だ。

突っ走ってゆく感じがする。

客はそれを感じている。

競馬を語り、予想を語りしているが、何か宇宙の仕組みを説いているように思うことがある。

はみ出している。

はみ出そうとするエネルギーがある。

大井競馬場のパドック。騎乗している騎手はレジェンド的場文男。

見ている人は見ている。吉冨が単なる予想屋ではないことを。

だが、まったく残念なことに、公営競馬の場立ちの予想屋は、早晩、日本の競馬場から消えることになるだろう。吉冨によれば、ここ十年ほど、予想屋を志す若者は一人も出ていないという。誰も門を叩かない。そうなると、予想屋は今の一代かぎり。二度と姿をみられなくなる日も、そう遠くない。

私は思う。こんな楽しい職業を、いったい、この世からなくしてしまっていいものだろうか。

吉冨も、こう言った。

「時代に吠えるバカな若者、勇気のあるアホはいないのかなぁ」

今なら間に合う。炎の予想屋、吉冨隆安に代わる若者出でよ。独りで涙橋を渡り、光さんざめく砂の競馬場から、はるかな宇宙の摂理を説いてみよ。

完

あとがき　「予想屋は数学者であり、文学者であり、哲学者である！」

夏目漱石の小説『三四郎』に、次の場面がある。

「馬券で中《あて》るのは、人の心を中《あて》るより六《む》ずかしいじゃありませんか。あなたは索引の附いている人の心さえ中《あて》て見ようとなさらない呑気な方だのに」

「僕が馬券を買ったんじゃありません」

「あら、誰が買ったの」

「佐々木が買ったのです」

女は急に笑い出した。三四郎も可笑しくなった。

三四郎にほのかな想いを寄せる里見美禰子が、自宅を訪れた三四郎をからかう、有名なシーンだ。

三四郎の友人、佐々木与次郎が広田先生から一時預かった二十円で馬券を買い、きれいにスッてしまう。返済に窮した与次郎が泣きついてきたので、三四郎は快く二十円を貸してやった。広田先生に返済を済ませた与次郎、今度は三四郎にその金をなかなか返せない。思い余った与次郎は美禰子にすがり、仔細も十分話さず、立て替えてもらうことにした。

美禰子はてっきり、三四郎が馬券を買って損したものと勘違いしてしまったのだ。三四郎の苦境を思いやる心がこの言葉になったのである。

口調はやんわりだが、真に迫りすぎて、恐いくらいだ。競馬狂いの男が恋人を持つなら、こういう女性がいい。おまけに美禰子は、用立てを頼まれた金額は二十円なのに、三十円もポンと貸してしまうのである。いよいよ理想的な女に思える。

「馬券で中るのは、人の心を中るより六ずかしい」

文中で里見美禰子にこう言わせた漱石。うん？　彼はもしかすると競馬に詳しかったのだろうか。ふとそう思って、調べてみた。

漱石は一九〇〇年（明治三十三）九月から一九〇三年（明治三十六）の一月までの約二年半、ロンドンに留学。その間、彼の地での暮らしぶりを「ロンドン留学日記」に認《したた》め、後世に遺した。この日記の中に、ひょっとしたら、競馬に関する記述があるのではと閃いたのである。なにしろ英国は、競馬発祥の国であるのだから。

留学日記のページをめくる。目当ての記述がなかなか出てこない。やはり、ないのかと落胆しかけたころ、次の文が目に飛び込んできた。渡英二年目の初夏のことである。

一九〇一年五月二十七日（月）
頗る賑やかなり。われ住む処はEpsom街道にて茲に男女馬車を駆りて喇叭を吹いて通ること夥し。近所の貧民どももまた往来に充満す。
一九〇一年六月五日（水）
今日Derby Dayにて我が家の付近大騒ぎなり。夕景は彼ら喇叭を吹き馬車に乗りて帰り来る。すこぶる雑踏なり。

（『漱石日記』平岡敏夫編・岩波文庫・ロンドン留学編より）


六月五日の記述「Derby Day」から、この日はイギリス最大の競馬の祭典「エプソム・ダービー」が開催された日であったことがわかる。

とすると、その前の五月二七日の記述はたぶん、牝馬の女王を決める「オークス」が行われた日の喧騒ではなかったか。

漱石の下宿は、ダービーの行われるエプソム競馬場に通じるエプソム・ロード沿いにあったのだ。これも、なんだか嬉しい発見であった。

しかしこの短い文からは、そのダービーの日、漱石がエプソム競馬場に駆けつけたかどうかはわからない。文面からは両日とも、賑わうエプソム街道を下宿の三階の窓から眺めていただけのようでもある。口惜しいが、これ以上は調べようがない。

だが漱石が、ロンドンの図書館でサラブレッドの起源や競馬の歴史を調べていたという事実もある。漱石がロンドン暮らしの中で、競馬にただならぬ興味を抱いたのは確かなのだ。

漱石が実は、ひそかに競馬に入れあげていたと想像するのは愉しい。そしていく度となく馬券でやられたからこそ、美禰子のこの有名なセリフが生まれたのではなかったのか、と想像すると、体がぞくぞくするほど嬉しくなる。

とかく住みにくかったロンドン留学中、神経衰弱に悩まされた漱石の心の支えとなったのが、実は競馬だった——そう考えたくなる私なのである。


本書の主人公、吉冨隆安は「人の心を当てることよりむずかしい馬券を当てること」に、生涯を費やした男である。職業は、南関東公営競馬の公認予想屋である。

大阪市立大の法学部に入った男が、なぜ競馬の予想屋になったのか。それも、いわゆる草競馬と呼ばれた公営競馬の場立ちの予想屋に！

「流れ着くようなかたちで」

と吉冨は答えた。

「社会と折り合って生きていくのは苦手」と感じるナイーブ過ぎる青年だったという。今で言えば、本質的には「ひきこもり」だったのだろう。

だが、実際に吉冨が送った人生は、実にすさまじいものだった。修羅場の連続だ。外道《げどう》の底に沈んだこともあった。大阪で会社を二度も潰して身が危うくなり、逃れてきた東京では、進学塾の塾長とバーのマネージャーの二足草鞋。教育者と無法者という対照的な二役を同時に演じたのである。

その意に染まぬ荒れた暮らしの中で、唯一、心の支えとなったのが、競馬だった。

「競馬」は、本場英国では「スポーツ・オブ・キング」ともいわれる。競馬場は、紳士淑女が会する華やかな社交場となっている。

だが日本の社会では、「競馬」は長いこと「負のシンボル」であった。

「ステータスの逆シンボルとして賭博を忌み嫌うこと、あるいは忌み嫌ってみせることがステータスの正のシンボルとなるのであり、日本における大正以後の競馬はまさにそういう負のシンボルを負わされてきたのである」

社会人類学者の長島信弘氏の見立てだ。

吉冨がバーの店長と塾をやめ、最後に飛び込んだ世界が、まさに「負のシンボル」の烙印を負わされた競馬の、それも、より世間の顰蹙《ひんしゅく》を買うにちがいない公営競馬だったのである。

あれから四十年の歳月が流れた。

現在、競馬の社会的な位置付けは、そのころとはまったくちがうものになっている。一九六五年から一九六九年にかけて「楽しさは一家そろって中央競馬」というJRAのキャンペーンが始まり、その後、日本の競馬は世界でも例を見ない大衆化に成功した。いまや競馬は、エリート階級の社交場でもなければ、はぐれ者の蝟集《いしゅう》する鉄火場でもない。

「負のシンボル」のイメージも、ほとんど払拭されたと言ってよいだろう。

吉冨のいる公営競馬の世界も大きく変わった。懐かしくもある、身にしみ付いた「いかがわしさ」を惜しげもなく脱ぎ棄ててしまった。いまや大井競馬場で行われる競馬は「東京シティ競馬」とオシャレな呼称に変わり、若いカップルでにぎわうナイター競馬が人気を呼ぶ。あの殺気と臭気がこもっていた川崎競馬場でさえ、いまは「スパーキングナイター」なのである。

しかし、である。姿こそ変われ、競馬の真実がいまもなお、「馬券」にあることに、いささかも変わりはないのだ。そのシビアさを忘れては大怪我をする。

「人は誰でも、真実が欲しい。真実こそが、人生の糧である。この真実への希求――これが競馬の存在理由だ。人はなぜ競馬をするのか？　という問いへの答えだ。

競馬をやる誰もが真実を求めている。その真実の中で、もっとも重要なのが、馬券であることは言うまでもない」

吉冨の口上だ。大勢の客が押し寄せる予想台の上から叫ぶのである。

「競馬には必ず、的中馬券がある。もちろん、その馬券は未成年者でないかぎり、誰でも自由に買うことができる。社長だろうが、平社員だろうが、フリーターだろうが、専業主婦だろうが、そんなことは的中馬券を手にできることと、まったく関係ない」

馬券は誰に対しても平等だ。社会の肩書きなんか通用しない。だからこそ、娑婆《シャバ》より競馬場が美しい。吉富は本気でそう考えている。

娑婆より競馬場が美しい。

こんな過激なことを言う予想屋が今までいただろうか、という驚きが本書を書くきっかけになった。

最近会った吉富がこう言っていた。

「俺のことを本にしたいと斎藤くんが言ってきたとき、本当は気が進まなかった。俺は自分の弱さゆえにあまりにも人を傷つけて生きてきた。本に書いてもらう資格なんてありはしない。でも、少し思い直した。こんな俺でも好きなことにすがりついてなんとか生きてこられた。恥をさらして、己の姿をありのままに見てもらう。それで、いま引きこもっている人や生きづらさを感じて悩む人たちへ、少しでも励ましにならないか。エールになればいいなと思ってさ」

少年のころ、極貧の中で極度の引っ込み思案になり、いつも他人の顔色をうかがうようになった吉冨。できれば、人のいないところに引きこもりたいといつも渇望していた。けれど少年期の吉冨には、その引きこもれる小さなスペースさえなかったのだ。青年期、爛《ただ》れた淵に沈んだときも、いつも、生きづらさとの戦いだった。

その不器用な男が、流れ流れる放浪の果てに、やっと生きる活路を見いだした居場所が、なんと競馬の予想屋だったのである。

吉冨の予想歴はもう四十年にもなる。

「長年やっていると、適当に予想を語ることもできないではない。でも、それだとすべてがごまかしになる。これまでの人生もやはり、ごまかしだったと自分で認めてしまうことになる」

この男は、まだ戦っている。ちょっと心配になった。もう若くはない。いつまでその強い気持ちを持ち続けられるのか。

それでも少し安堵したのは、

「夜、寝るとき、明日また職場に行くのが楽しみだという仕事は、なかなかないと思う。好きなことに燃えて、日々、仕事ができるのは幸せだね」

と、偽らぬ心情をもらしたときだ。きっと、死ぬ瞬間まで、この男は予想台に立ち続けることだろう。

もし今、あの三四郎が大井競馬場に現れて吉冨の口上を聞いたなら、同伴の美禰子に向かってこう囁《ささや》くのではないか。

「予想屋は数学者であり、文学者であり、哲学者です！」

最後に冒頭の歌人、早川志織さんの歌をもう一首、捧げておきたい。

男らが愉しげにいう週末の馬の名はどれも美し
二〇一七年二月

斎藤一九馬

主要参考・引用文献（順不同）

『隠された十字架　法隆寺論』（一九七二年、新潮社）
『書斎の競馬1』（一九九九年、飛鳥新社）
『草競馬流浪記』（一九七四年、新潮社）
『種の起源』（一九九三年、雁書館）
『イザベラ・バードの旅』（二〇一四年、講談社）
『別冊宝島86競馬ぶっちぎり読本』（一九八八年、JICC出版局）
『競走馬私論』（一九九九年、クレスト新社）
『馬家物語』（一九八四年、徳間書店）
『三四郎』（二〇一四年、岩波書店・岩波文庫）
『やめられない　ギャンブル地獄からの生還』（二〇一〇年、集英社）
『新東京百景』（一九八八年、新潮社）
『純粋競馬』（一九九〇年、流行通信社）
『家族』（一九八六年、文藝春秋・文春文庫）
『競馬の人類学』（一九八八年、岩波書店・岩波新書）
『うまやもん　変わりゆくニッポン競馬の現場』（二〇〇四年、現代書館）
『西行と清盛』（二〇一二年、中央公論社・中公文庫）
『日本競馬　闇の戦後史』（二〇〇七年、講談社・講談社＋α文庫）
『ホリスティック医学入門―ガン治療に残された無限の可能性』（二〇〇九年、角川グループパブリッシング　角川oneテーマ21）
『「実走着差」理論』（二〇〇五年、ワニブックス）
『平凡パンチ』（一九八八年11 - 20号、マガジンハウス）
『競馬最強の法則』（一九九八年、KKベストセラーズ）
『のんびる』（二〇一六年、パルシステム生活協同組合連合会）
『創造の四十年――マガジンハウスのあゆみ』（一九八五年、マガジンハウス）
『漱石日記』（一九九〇年、岩波文庫）
『坂の上の雲』（一九六九～一九七二年、文藝春秋）
『大井競馬場のあゆみ――特別区競馬組合50年史』（二〇〇一年）
『朝日新聞』（一九八五年三月二三日付朝刊、一九八六年七月三〇日付夕刊）
『2006・12・24　RACING　PROGRAM』（二〇〇六年、日本中央競馬会）

取材協力：日本中央競馬会（JRA）。特別区競馬組合競馬事務局広報係。南関東競馬公認予想士「ゲート・イン」主宰 吉冨隆安、同「まつり」主宰 左手重行。岸和田市立中央公園管理事務所。

【著者プロフィール】

斎藤一九馬（さいとう・いくま）

宮城県生まれ。東京外国語大学卒。ノンフィクション・ライター兼フリー編集者。雑誌メンズクラブ別冊『男のスタイルブック』（アシェット婦人画報社）の編集を皮切りにメンズファッション分野で活躍。スポーツ分野でも『サッカーを１０倍楽しむ法』（二宮清純著・ＫＫベストセラーズ）『ワールドカップを読む』（二宮清純著・ＫＫベストセラーズ）などの編集に携わる傍ら、長嶋茂雄や千代の富士、奥寺康彦などのスポーツ選手、さらに政財界の著名人のインタビュー記事を雑誌に寄稿。『日本の論点』（文藝春秋社）に解説記事も執筆。これまでインタビューした人は３００人を超える。

主な著書に『駆けぬけた奇跡』（日刊スポーツ出版社）、翻訳書に『マイクロソフトCEO 世界「最強」の経営者 バルマー』（訳者名：遠野和人、イーストプレス社）、『歓喜の歌は響くのか』（角川文庫）などがある。

撮　影／外川孝

最後の予想屋 吉冨隆安

2017年２月19日　第１刷発行

著　者　斎藤一九馬
発行者　唐津　隆
発行所　株式会社ビジネス社
〒162-0805　東京都新宿区矢来町114番地　神楽坂高橋ビル5F
電話　03-5227-1602　FAX 03-5227-1603
URL　http://www.business-sha.co.jp/

〈カバーデザイン〉常松靖史（チューン）
〈本文組版〉茂呂田剛（エムアンドケイ）
〈印刷・製本〉モリモト印刷株式会社
〈編集担当〉斎藤　明（同文社）　〈営業担当〉山口健志

ISBN978-4-8284-1936-7